고난과 하나님의 선교

IVP(InterVarsity Press)는
캠퍼스와 세상 속의 하나님 나라 운동을 지향하는
IVF(InterVarsity Christian Fellowship)의 출판부로
생각하는 그리스도인을 위한 문서 운동을 실천합니다.

미셔널신학연구소(Institute for Missional Theology)는
"하나님이 교회에 부여하신 선교적 사명 회복"을 모토로
교회의 본질과 방향을 고민하며 연구에 힘쓰고 있습니다.
홈페이지 https://www.imt.or.kr

이 책은 IVP와 미셔널신학연구소가 함께 만들었습니다.

미셔널신학연구 총서 **01**

고난과 하나님의 선교

선교적 해석학으로 본 고난의 의미

스티븐 테일러 · 이강택 · 정성국 · 송영목

Ivp

차례

미셔널신학연구 총서를 펴내며　7
들어가며
: 선교적 해석학 안에서의 사랑과 고난—프랭크 제임스 3세　11

1장　고난에 관한 선교적 해석　17
스티븐 테일러

　서론　19
　'타락-구속'이라는 하나님의 선교 관점의 고난 이해와
　그 문제점　20
　하나님의 선교를 다시 정의하기　25
　삼위 하나님의 사랑 공동체의 확장에서 본 고난　27
　하나님의 선교와 고난: 욥의 이야기　31
　결론: 함께 고난받으시는 하나님　35

2장　성전과 선교
　고별설교가 보여 주는 예수와 제자들의 사명과 고난　39
이강택

　서론　41
　제1고별설교: 요한복음 14:1-14　42
　제2고별설교: 15:1-27　55
　결론　68

3장　그리스도의 고난, 가난, 연약함에 참여하는 사람들
고린도후서에 나타난 고난과 하나님의 선교　73

정성국

서론: 선교적 해석학의 관심사　75
고린도후서의 고난과 하나님의 선교　76
고린도후서의 고난이 지니는 선교적 의의　79
고린도후서의 고난에 대한 선교적 읽기, 그 교회론적 함의　98
결론: '그리스도의 편지'로 보냄받은 사람들　106

4장　고난 중 선교
요한계시록을 중심으로　109

송영목

서론　111
정경 내 요한계시록의 위치와 선교　113
하나님의 선교 중 고난　116
소아시아 일곱 교회의 선교 중 고난　125
적용: 공공선교적 교회의 선교　148
결론　154

나가며
: 더 넓은 시각으로 고난 바라보기　163

미셔널신학연구 총서를 펴내며

한국 교회는 지난 20여 년간 아주 빠르게 쇠퇴의 길을 걸어왔다. 그동안 한국 교회는 세계에서 유례가 드문 부흥과 성장을 경험하였기에 이 급격한 쇠퇴는 적잖은 충격을 주고 있다. 그러나 단지 수적으로 감소한다는 사실이 진정한 문제는 아니다. 오히려 교회가 세상 속에서 존재감을 잃어버리고 있다는 사실이야말로 큰 문제다. 급변하는 세상 가운데서 변하지 않는 하나님의 말씀을 전해야 하는 교회가 많은 경우 세상과 아예 분리되거나 정반대로 세상에 동화되는 모습을 보여 왔음을 부인하기 어렵다.

서구 교회에서는 이러한 문제를 우리보다 앞서 겪어 왔다. 그러는 동안 교회의 정체성을 반성하며 등장한 흐름이 '미셔널 처치'(Missional Church, 선교적 교회) 운동과 이에 따르는 '미셔널신학'(Missional Theology)이다. 이 새로운 신학적 지향을 중심으로 한 교회 운동의 목적은 하나님이 교회에 부여하신, 세상을 향한 선교적 사명(Mission)을 회복하는 것이다. 세상과 분리되거나 세상에 동화되지 않고, 세상 속에서 예수를 따르며 그분을 증언하는 교회의 정체성을 드러내는 것이다. 세상 속에서 존재감을 잃어버리고 있는 오늘날의 한국 교회가 이러한 신학과 교회 운동에 관심을 가져야 할 이유는 충분하다.

사실 한국 교회에 미셔널신학이나 미셔널 처치 운동이 소개된 지도 적잖은 시간이 흘렀다. '미셔널'이라는 개념이 지금 우리에게 적어도 그리 낯설지 않은 것은 그동안 앞장서서 이를 소개하는 일을 감당해 온 분들의 커다란 수고가 있었기 때문이다. 그럼에도 한국 교회에 이 운동이 처음 소개될 때 신학적 측면보다는 주로 실천적 측면에 초점이 맞춰져 있었기에 아쉬웠다. 한국 교회 전반적으로 지속 가능한 변화를 도모하기 위해서는 신학적 토양의 변화가 반드시 필요하다.

이에 삼일교회에서는 2021년 미셔널신학연구소를 설립하여 미셔널신학을 연구하고 한국 교회에 내놓는 사역을 시작하였다. 무엇보다 교회의 체질을 변화시켜 새로운 방향으로 이끄는 원동력은 성경에 있다는 믿음을 가지고, 목회자와 성도들이 성경을 새로운 시각으로 읽도록 돕기 위해 '선교적 해석학'(Missional Hermeneutics)에 기반한 연구를 중점적으로 수행하고 있다. 이와 더불어 오늘날 교회가 직면하는 과제를 미셔널신학 관점에서 숙고할 수 있는 연구를 다양한 측면에서 펼치려 한다.

"미셔널신학연구 총서"는 미셔널신학연구소를 통해 열리는 선교적 성경 해석학 콘퍼런스와 컬로퀴엄 등에서 발표하는 국내외 신학자들의 연구를 한국 교회와 나누기 위해 기획되었다. 이 일에 IVP가 흔쾌히 뜻을 같이해 주어 감사하다. 이 총서가 한국 교회의 신학적 토양을 새롭게 하여 교회가 자신의 본질과 사명을 회복하는 일에 작은 밑거름으로 쓰임받을 수 있기를 바란다.

송태근 목사
미셔널신학연구소 대표

일러두기
※ 성경 인용 본문은 개역개정이며, 필요에 따라 저자들이 일부 사역하였다.
※ 이 책의 "들어가며" 및 "1장"은 미셔널신학연구소 디렉터 김일호 목사가 번역하였다.

들어가며: 선교적 해석학 안에서의 사랑과 고난

분석철학자 앨프리드 에이어(Alfred J. Ayer)는 모든 세계 종교 가운데 기독교가 최악이라고 주장한 바 있다. 이러한 주장은 기독교가 "원죄와 대속이라는 연합된 교리들"에 기초하고 있다는 사실에 대한 그의 판단에 근거하는데, 그는 여기에 "기독교는 지적으로는 경멸받을 만하고 도덕적으로는 기괴한 것"이라고 덧붙였다.[1] 인간은 고통으로 가득한 죄악 된 세상에 태어나고, 하나님이 자신의 아들을 그러한 세상에 보내어 십자가에서 끔찍하게 죽임당하도록 만든다는 바로 그 개념은 에이어가 보기에 도덕적 파산의 전형이다.

타락과 그리스도의 죽음에 대한 기독교적 해석은 상당히 동요케 할 만한 비평을 불러일으켰다. 수천 년 동안 그리스도인들에게 가장 어려운 질문 중 하나는 인간의 고통과 하나님의 주권 사이의 관계였다. 스

---

1 A. J. Ayer, *The Guardian*, August 30, 1979, J. R. W. Stott, *The Cross of Christ* (Downer's Grove, Ill.: InterVarsity Press, 1986), p. 43에서 재인용. 『그리스도의 십자가』(IVP).

코틀랜드의 철학자 데이비드 흄(David Hume)은 이렇게 묻는다.

에피쿠로스의 오래된 질문에는 여전히 답이 주어지지 않았다. 그(신)는 악을 막을 의지는 있지만 못하는 것인가? 그렇다면 그는 무능하다. 할 수 있지만 그럴 의지가 없는 것인가? 그렇다면 그는 악의적이다. 할 수도 있고 의지도 있는가? 그렇다면 왜 악이 존재하는가?²

정통 기독교의 관점에서 이 끝없는 질문에 다가가기 위해 이렇게 질문할 수 있을 것이다. '이 망가진 세상에서 삶을 뒤덮는 고통을 생각한다면 신실한 그리스도인은 성경을 어떻게 읽는가?' 마찬가지로 어려운 질문은 이것이다. '현존하는 악을 마주하면서도 하나님의 선하심을 어떻게든 드러내는 성경 이야기에 나타난 고난을 해석하는 정직하고도 적절한 방법이 있는가?'

이 책의 각 글에서는 해석학의 근본 문제 또는 특히 세상의 극심한 고통을 바라보는 낙심케 하는 문제와 관련하여 성경을 가장 잘 해석하는 방법을 다루고 있다. 고통에 대한 가장 중요한 해석학적 통찰 중 하나는 홀로코스트의 공포를 받아들이기 위해 애썼던, 제2차 세계대전 당시 독일인 포로였던 위르겐 몰트만(Jürgen Moltmann)에게서 나왔다. 그는 십자가의(cruciform) 해석학을 주장했다. 몰트만에게 하나님은 십자가 밖에 계시지 않고 오히려 고통 안으로 들어가셨다.³

---

2 David Hume, *Dialogues Concerning Natural Religion* (originally published in 1779; reprint: Kessinger Publishing, 2009). 『자연종교에 관한 대화』(나남).
3 Jürgen Moltmann, *The Crucified God: The Cross of Christ as the Foundation and*

그는 인간이 겪는 고통의 경험으로부터 하나님을 제거할 수 없었다. 더 나아가, 그는 하나님이 인간의 고통 안에서, 인간의 고통과 함께, 인간의 고통을 통해 고난당하셨다고 주장한다. 더 복잡한 신학적 문제로 거슬러 올라가자면, 몰트만은 삼위 하나님이 실제로 "그의 잃어버린 피조물들을 향한 열정적 사랑"의 행동으로서 세상의 고통에 참여하시고 고난을 경험하셨다는 사실을 강조한다.[4]

이 책의 각 저자들은 십자가에 대한 깊은 이해를 포함하는 선교적 해석학을 탐구하면서도 거기서 더 나아가고자 했다. 스티븐 테일러는 이 선교적 해석학을 "삼위 하나님의 사랑 공동체의 무한한 확장, 하나님의 형상을 가진 피조물, 즉 도덕적 능력이 있어서 하나님의 사랑과 그분의 도덕적 탁월성을 받아들이고 반영하며 확장시킬 수 있는 존재에 일어나는 확장"이라고 훌륭하게 정의한다. 또한 테일러는 "하나님의 사랑 공동체를 하나님의 형상대로 창조된 존재들에게, 그리고 그들을 통해 확장시키고자 하는 하나님의 원래 계획에 고난의 가능성이 내재"되어 있었음을 강조한다. 일반적으로 사랑과 고난은 서로 어울리지 않아 보인다. 사랑은 고통으로부터 보호되는 것이지 고통을 초래하는 것이 아니라고 여겨진다. 그러나 하나님의 구원이라는 원대한 계획 안에서 사랑과 고난은 하나님의 궁극적 목적에 기여한다.

Criticism of Christian Theology (NY: Harper & Row, 1974). 『십자가에 달리신 하나님』 (대한기독교서회).

4   Jürgen Moltmann, *Experiences in Theology: Ways and Forms of Christian Theology* (Minneapolis: Fortress Press, 2000), pp. 304-305. 『신앙의 방법과 형식』(대한기독교서회).

선교적 해석학에서는 사랑과 고난이 접점을 이루고 있다는 사실을 인정하지만, 그것은 '이미와 아직'이라는 종말론적 틀 안에서 그러하다. 예수의 죽음과 부활은 이 시대가 계속되고 있는 순간에 새로운 시대를 열었다. 두 시대가 겹치기에, 예수를 따르는 이들은 그 사이의 시간에서 미래를 기대하면서도 과거를 생각하는, 그리고 동시에 양쪽을 바라보는 "이중 초점의 존재"(bifocal existence)로 살아간다.[5] 이 종말론적 사이 공간(middle space)에서 하나님의 영은 고난을 통하여 소망을 위해 일하신다. 바울은 로마서에서 우리에게 말한다. "이와 같이 성령도 우리의 연약함을 도우시나니 우리는 마땅히 기도할 바를 알지 못하나 오직 성령이 말할 수 없는 탄식으로 우리를 위하여 친히 간구하시느니라"(8:26).

선교적 해석학에서는 이 이중 초점의 존재가 가진 긴장과 부조화를 충분히 인식한다. 비극으로부터의 승리라는 단순화된 해석학과는 대조적으로, 하나님의 선교는 우리를 이미와 아직 사이의 종말론적 사이 공간에 위치시킨다. 고난은 우리가 살아온 경험에서 해결되지 않은 채로 남아 있다.

비록 우리가 이 종말론적 사이 공간의 트라우마와 복잡성 속에서 살아가야 하지만, 선교적 해석학은 이 또한 성령의 특별한 영역임을 일깨운다. 신학자 셸리 램보(Shelly Rambo)는 해석학적 희망이 있다고 주장하며 이렇게 말한다. "중간에서부터 해석할 때, 우리는 전

---

[5] Michael J. Gorman, *Apostle for the Crucified Lord: A Theological Introduction to Paul and His Letters* (Grand Rapids: Wm. B. Eerdmans Publishing Co., 2004), p. 137. 『바울연구개론』(대한기독교서회).

에 보지 못했던 것을 보기 시작할 수 있다."[6] 이는 니콜라스 월터스토프(Nicholas Wolterstorff)가 그의 매우 감동적인 책 『나는 사랑하는 사람을 잃었습니다』(Lament for a Son)에서 한 가슴 저미는 말을 떠오르게 한다. 캘빈 칼리지와 예일 대학교에서 은퇴한 기독교 철학자 월터스토프는 아들의 비극적 죽음을 애통하며 말했다. "나는 눈물을 통해 세상을 바라볼 것이다. 아마도 나는 내가 마른 눈을 가졌을 때 볼 수 없었던 것들을 보게 될 것이다."[7]

거의 50년 전에 영국의 신학자 존 웬함(John Wenham)은 다음과 같이 선교적 해석학을 호소했다.

> 그러나 이 세상의 고통과 공존하거나 인접하지 않은 성경의 관점으로부터 우리는 어떻게 이해에 도달하는가? 하나님의 입에 놓인 가혹한 말씀이 담긴 난해한 구절들이 있는 것은 사실이다. 우리는 성경을 진지하게 여기기에 그 에피소드들을 진지하게 다루어야 한다. 즉, 우리에게는 타당하면서도 문맥상 특정 구절들과 하나님의 선교라는 더 넓은 그림 모두에 부합하는 해석학이 필요하다.[8]

---

6   Shelly Rambo, *Spirit and Trauma: A Theology of Remaining* (Westminster John Knox, 2010), p. 150. 『성령과 트라우마』(한국기독교연구소).
7   Nicholas Wolterstorff, *Lament for a Son* (Grand Rapids: Wm. B. Eerdmans Publishing Co., 1987), p. 26. 『나는 사랑하는 사람을 잃었습니다』(좋은씨앗).
8   John Wenham, *The Enigma of Evil: Can We Believe in the Goodness of God?* (Guildford, Surrey, England: Eagle, 1994; revised edition published by InterVarsity Press, 1985), pp. 34-35.

이 책은 선교적 해석학에 대한 웬함의 요청에 응하기 위해 중요한 한 걸음을 내딛고 있다.

프랭크 제임스 3세
미시오 신학교 총장, 역사신학 교수

1장
고난에 관한 선교적 해석

스티븐 테일러

서론

이 글은 '고난'이라는 주제를 '선교적 해석학'(Missional Hermeneutics)과 통합하려는 시도다. 이는 '하나님의 선교'에서 고난이 갖는 의미를 다 같이 생각해 보자는 의도를 담고 있다. 이러한 시도가 독자 여러분과 한국 교회가 이 주제를 더 깊이 생각하도록 자극할 수 있길 바란다. 물론 이 글이 결코 최종적 결론일 수는 없음을 분명히 하고 싶다.

고난과 '미셔널신학'(Missional Theology)을 연결하는 일은 매우 까다롭다. 하나님의 선교에서 고통이 차지하는 의미와 그 목적을 두고 제기되는 질문은 다루기 쉽지 않으며 다분히 논쟁적이다. 그럼에도 목회자나 선교사뿐 아니라 모든 그리스도인이 하나님의 선교에 참여하도록 부름받았으며 우리의 삶 도처에는 고통이 실재한다는 이 두 가지 사실로 인해 우리는 고난이라는 주제를 간과할 수 없다.

'고난과 하나님의 선교'라는 표현은 몇 가지 질문을 야기한다. 우선, '하나님의 선교'란 무엇인가? 대럴 구더(Darrell Guder) 같은 초창기 미셔널신학 사상가들은 하나님의 선교가 구속과 회복을 위한 것이라는 사실을 강조하려 했다. 다음은 대럴 구더의 "선교적 교회"라는 글에서 인용한 내용이다.

> 선교는 단순히 교회의 활동에 그치는 것이 아니다. 오히려 선교는 천지 만물을 회복하고 치유하기 원하시는 하나님의 목적에 근간을 둔 하나

님의 주도적인 결정이다.[1]

구더가 강조하는 바에서 볼 수 있듯이, 대다수의 미셔널신학자는 하나님의 선교를 피조물을 회복하고 치유하기 위한 것으로 본다. 이 점은 필연적으로 하나님의 선교를 우리가 '타락 후 선택설'(infralapsarian)이라고 부르는 관점에서 이해하게 만든다. 타락 이후에 하나님의 선교가 시작되는 것이다. 창조, 에덴동산의 아담과 하와, 타락…. 그리고 나서 구속과 회복을 위한 하나님의 선교가 시작된다. 이러한 관점을 하나님의 선교에 대한 표준적 정의라고 할 수 있을 것이다.

'타락-구속'이라는 하나님의 선교 관점의 고난 이해와 그 문제점

하나님의 선교를 타락으로부터의 구속과 회복으로 정의하면 몇 가지 함의가 도출된다. 첫째, 고난은 타락의 결과, 곧 하나님의 저주다. 그 저주가 피조 세계를 허무와 고통에 굴복하게 했다. 둘째, '타락-구속'이라는 관점에서 보면 하나님의 구속이 완성되고 하나님이 세상을 새롭게 하실 때 이 고통은 완전히 사라질 것이다. 셋째, 그리스

---

[1] Darrell L. Guder, "Missional Church", in *Missional Church: A Vision for the Sending of the Church in North America*, Darrell L. Guder ed. (Grand Rapids: Wm. B. Eerdmans Publishing Co., 1998), p. 4. 인용문은 대럴 구더, "선교적 교회: 보냄에서 보냄 받음으로", 『선교적 교회』, 대럴 구더 편저, 정승현 옮김(인천: 주안대학원대학교출판부, 2013), p. 30.

도께서는 죽음의 고난을 견뎌 내심으로써 하나님의 저주를 흡수하시고 그것을 무력화시키셨다. 그리하여 고통이 영원히 사라질 새로운 세상을 가져오셨다.

그런데 넷째가 문제다. 모든 사람과 창조 세계는 적어도 구속이 완성될 때까지 고난을 받아야 한다. 셋째 함의에서 보듯 분명 그리스도께서 이 땅에 오셔서 구속을 이루셨음에도 고난은 여전히 계속된다. 구속이 진정으로 완성되는 새 창조의 때까지 온 세상은 신음해야 한다.

다섯째, 하나님의 선교에 헌신된 사람들, 즉 복음을 전파하고 하나님의 은혜의 증인으로 살아가는 사람들은 그리스도와 함께 '의미 있는' 고난을 당한다. 반면에 여섯째, 대부분의 피조물과 사람들뿐만 아니라 복음을 전하거나 소위 하나님의 일에 참여하지 않는 성도들이 당하는 고통은 단지 견뎌야 할 무의미한 고난이다. 그러므로 '타락-구속' 관점에서는 그리스도의 고난과 하나님의 선교를 감당하는 이들이 겪는 고난만이 의미를 갖는다. 이 두 가지를 제외한 모든 고난은 비극적이고 부정적이며 의미 없는 '해 아래 헛된 일'의 궁극적 표현일 뿐이다.

분명 '타락-구속' 관점으로 하나님의 선교를 이해하는 데는 성경적 근거가 있다. 성경 자체가 커다란 구속 이야기로 이해될 수 있고, 성경이 고난에 대해 말하는 많은 부분은 타락 이후 일어난 일과 관련되기 때문이다.

그럼에도 이러한 관점에서 고난의 문제를 다룰 때 다음과 같은 문제가 제기될 수 있다.

첫 번째 문제는 이 관점이 암으로 인해 죽어 가는 성도, 알츠하이머나 치매 같은 질병으로 고통받는 그리스도인, 사고로 자녀를 잃은 신자같이 비극적 고통을 겪고 있는 이들에게 이런 의문을 남긴다는 것이다. "그리스도께서 죽음의 고난을 받으실 때 '그가 채찍에 맞음으로 우리가 나음을 입었다'면 왜 고난이 계속되어야 하는가?" "만약 하나님이 치유와 이적과 기사로 타락의 효력들을 무효화하심으로써 그분의 능력을 나타내시고 그 능력이 그리스도의 대속 사역을 통해 충분하게 발휘되었다면 왜 하나님은 지금의 고난을 내버려 두시는가?" "하나님이 나에게 화가 나셨거나 내 믿음이 부족해서인가?"

이는 정도만 다를 뿐 우리 역시 어려움 가운데 있다면 할 법한 질문이다. 우리가 이른바 하나님의 일을 하는 가운데 고난을 당했다면 이런 의문을 갖지 않았을 것이다. 하나님의 일을 하니까 세상이 나에게 시련을 주어 방해한다고 생각했을 것이기 때문이다. 그러나 일상에서 마주하는 고난과 고통에 대해서 우리는 뭐라고 말할 수 있는가?

두 번째 문제는 '타락-구속' 관점에 의해 리처드 도킨스(Richard Dawkins) 같은 신무신론자들(the new atheists)의 비판이 제기된다는 점이다. "신이 선하고 전능하며 예수 그리스도를 세상에 보내 저주를 제거하셨다면 왜 고통이 계속되는가? 왜 신은 지금 고통을 멈추지 않는가? 홀로코스트나 유아 살해처럼 세상에서 벌어지는 가혹한 고통에 조금이라도 개입해 막지 않는 이유는 무엇인가?"

'타락-구속' 관점에서 인간이 겪는 고통은 저주의 결과와 다르지 않다. 고난이 그렇게 단지 부정적이기만 하다면 선하고 전능하신 하나님은 왜 고난을 멈추시지 않는가? 하나님이 정말 존재하신다면 왜 고난은 계속되며 우리는 언제까지 하나님이 뭔가 하시기를 기다려야 하는가? 이러한 질문에 대답하기란 결코 쉽지 않다.

세 번째 문제는 이른바 '의미 있는 고난'에 매료되는 방식이 그리 건강해 보이지 않다는 것이다. 사람들은 말 그대로 그리스도를 위해 고난받기를 비정상적 방식으로 추구할 수 있다. 2세기 초에 실제로 그러한 일이 일어났다. 초기 교회의 많은 사람이 그리스도를 위한 순교자가 되는 환상에 사로잡혔다. 그들은 로마인들에게 문자 그대로 몸을 던지면서 말했다. "나를 잡아가세요! 나도 순교하게 해 주세요!"[2]

이 왜곡된 고난 추구는 예수께서 행하신 일과 대비된다. 예수께서 겟세마네 동산에서 드리신 기도는 무엇이었는가? 마가와 마태에 따르면 그분의 기도는 "가능하다면 이 잔을 내게서 지나가게 해 주십시오"였다. 이는 예수께서 제자들에게 가르치신 기도와도 완전히 일치한다. 주기도문에서 가장 중요하면서도 간단한 간구는 이것이다. "우리를 시험에 들게 하지 마시고 다만 악에서 구하시옵소서."

한편, 콘스탄티누스 황제가 개종하여 로마 제국에서 기독교에 대한 박해가 사라졌을 때 많은 그리스도인은 실망했다. 그 대신 이에 상응하는 엄청난 고행의 시대가 시작되었다. 사람들은 사막으로 가서 은둔하며 하나님을 위해 고난을 받고자 했다. 물론 오늘날에도

---

[2] 교부 폴리카르포스(Polycarp)는 이러한 상황을 반박해야 했다. 폴리카르포스 자신도 박해가 시작되자 도시 외곽의 작은 마을에서 숨어 지냈다. 하지만 그는 결국 발각되고 도시로 압송되어 순교를 당했다. 이 이야기를 다음 책의 "폴리카르포스의 순교"에서 읽을 수 있다(그는 2세기 초에 죽었지만 그에 대한 이야기는 조금 시간이 지나서야 기록되었다). Michael W. Holmes, ed., *The Apostolic Fathers in English*, 3rd edition (Grand Rapids, Mich.: Baker Academic, 2006), pp. 147-156.

그와 비슷한 일들이 일어난다. 사람들은 집에 머물면서 신실하고도 꾸준하게 순종하는 삶을 살아가기를 원하지 않는다. 그들은 특정한 행동이 있는 곳, 특별한 영광의 가능성이 있는 곳으로 가고 싶어 한다. 그러나 영광을 얻겠다고 정상적이지 않은 방식으로 고난을 추구하는 일은 결코 건강한 사고방식에 기인한 게 아니다.

'타락-구속'의 틀에서 고난을 이해할 때 발생하는 마지막 문제는 고난을 '해 아래서의 삶'에 국한한다는 것이다. 다시 말해, 세상에서 일어나는 일은 타락의 결과이며 고난은 하나님이 내리신 저주의 귀결일 뿐이다. 이러한 관점은 고난과 하나님의 관계를 모호하게 만든다.

우리는 물론 하나님이 고난을 원하시고 정하셨다고 단순하게 말할 수 있을 것이다. 그러나 그 이상으로 말할 수 있는 것은 무엇인가? 순교같이 의미 있는 고난을 제외하면 우리가 고통 속에 있을 때 하나님은 부재하시는가? 아니면 하나님은 어떤 식으로든 이 고난에 연루되어 있는가? 또는 하나님도 고난받으신다고 말할 수 있는가? 이러한 의문에는 예수 그리스도에 대한 질문도 포함되어 있다. 그리스도는 그의 신성 안에서 고난받으셨는가? 아니면 그의 고난은 오직 인성에만 국한되는가? 이는 많은 교부가 실제로 씨름했던 질문이다.

앞서 밝혔듯 '타락-구속' 모델은 어떤 면에서 옳다. 성경의 많은 부분이 구속 이야기에 할애되어 있고, 고난을 언급하는 많은 구절이 분명 구속 이야기 안에 담겨 있다. 그것은 의심의 여지 없이, 중요하고도 아름다운 예수의 십자가에서 절정에 이른다.

그러나 성경에 따르면 그 이야기는 훨씬 더 큰 이야기의 일부다. 즉 하나님의 창조, 창조에 담긴 하나님의 목적, 그리고 새 창조가

'타락-구속'보다 더 큰 이야기다. 그리스도의 사역, 특별히 그분의 부활은 사실상 새 창조의 결정적 시작이었다. 즉, 예수 그리스도는 물론 '타락-구속-회복'이라는 보다 작은 이야기의 정점이기도 하지만 이 큰 이야기에서도 중요한 부분을 차지한다.

그렇기에 '타락-구속' 관점의 유효한 지점들은 고난을 이해하는 데서 더욱 크고 근본적이며 포괄적인 틀에 배치될 수 있고 그렇게 되어야 한다. 물론 그럴 때에도 여러 질문이 제기될 수 있다. 그러나 그러한 질문들이 오히려 우리가 고난, 특별히 그리스도인들이 당하는 고난의 역할을 더 깊이 이해하게 할 것이다.

하나님의 선교를 다시 정의하기

이 점을 더 생각해 보자. 1700년대 미국의 조직신학자 조너선 에드워즈(Jonathan Edwards)는 꽤 도움이 될 만한 주장을 제시했다.[3] 그는 우리가 하나님의 선교(Mission)[4]를 생각할 때, 그의 표현대로라면 '하나님의 최고의 목적'(chief end), 곧 '핵심적이고 포괄적인 사명'을 생각할 때 더 분명하고 조심스러워야 한다고 했다. 그는 그리스도인으로서

---

3   Jonathan Edwards, *The Works of Jonathan Edwards. With an Essay on His Genius and Writings* (London: William Ball and Co. 34, Paternoster Row, 1839). 보다 축약된 형태는 다음 책을 보라. John Piper, *God's Passion for His Glory* (Wheaton, Illinois: Crossway Books, 1998), pp. 138-141. 『하나님의 열심』(부흥과개혁사).
4   'mission'을 한국어로 번역할 때 발생하는 어려움은 이 글에서도 나타난다. 이 단락에서 mission은 '사명'에 가까운 의미로 사용되고 있지만, 통일성을 위해 가능한 한 '선교'로 번역하고 맥락에 따라 일부를 '사명'으로 번역했다―옮긴이.

신학에 대해 신중하게 생각한다면 하나님의 선교를 하나님 외부의 어떤 필요나 외적 요인에 기인한 것으로 여길 수 없다고 말했다. 오히려 하나님의 선교는 그분의 존재 자체에 기인하는, 즉 그분의 존재를 표현하는 일이라고 여겨야 한다. 그렇지 않다면 하나님 자신에게는 어떤 사명이나 목적이 없다고 말하는 것과 마찬가지이기 때문이다.

이 전제는 매우 중요하고 훌륭한 통찰이다. 에드워즈는 계속해서 하나님의 '최고의 목적', 곧 하나님의 선교와 사명은 하나님의 본성에 뿌리를 두고 하나님의 본성 자체로부터 나온다고 말했다. 그 최고의 목적은 하나님이 공간과 시간을 창조하시면서 어떤 식으로든 행하시는 모든 것을 결정한다. 분명 이 크고 중심되는 사명의 일부를 구성하는 상대적으로 작은 사명들이 존재할 것이다. 바로 타락으로부터의 구속이 그렇다. 그러나 더 중요한 것은 크고 중심되는 사명이다.

에드워즈의 이러한 주장은 매우 훌륭하다. 우리가 경외감을 갖고 하나님을 대하면서 그분의 선교를 가능한 한 거대하고 견고한 방식에 기초하게 하려 한다면 이 요점들을 피할 수 없다.

그러나 에드워즈의 마지막 요점에 대해서는 조금 다른 이해를 제시하려 한다. 에드워즈는 하나님의 선교, 곧 하나님의 궁극적 목적을 이렇게 정의했다. "하나님의 최고의 목적, 중심 사명은 하나님의 영광을 발산하시는 것(emanation)이다."[5] 부연하면 다음과 같다. 그것은 하나님의 피조물들에 의해 끝없이 증가하는 하나님의 탁월하심에 대한 향유와 찬양이며, 하나님은 이를 위해 그것들을 창조하셨다.

---

5   에드워즈가 '발산'이라는 표현을 통해 정말로 의미하려던 바는 '무한한 확장'이다.

그러나 하나님의 선교를 설명하는 방식에서, 하나님이 영원히 외로이 존재하는 단일체(monad)가 아니라 이야기의 절정(곧, 그리스도의 오심과 성령의 수여)에서 삼위일체로 스스로를 계시하셨다는 점이 중요하게 다뤄져야 한다고 지적하고 싶다. 삼위 하나님은 외부로부터 영광을 받지 않으신다. 하나님은 삼위일체의 위격들 안에서 끊임없이 지속되는 형언할 수 없는 사랑이시다. 그분의 완벽함, 영원함, 그 존재의 탁월성 안에서 하나님은 사랑이시다. 그것을 넘어서 우리가 하나님에 대해 말하는 모든 것은 그에 대한 함의이거나, 하나님이 창조하신 것 또는 창조 안에서 일어나는 일들과 맺는 관계에서 나타나는 그분 속성의 발현이다.

그러므로 하나님의 선교는 그분의 영광을 무한히 확장시키는 게 아니라, 하나님의 사랑 공동체, 곧 삼위일체의 공동체가 온 우주에 무한히 확장되는 것이다. 그 일은 하나님의 형상을 가진 피조물, 즉 도덕적 능력이 있어서 하나님의 사랑과 그분의 도덕적 탁월성을 받아들이고 반영하며 확장시킬 수 있는 존재에 의해 일어난다.

삼위 하나님의 사랑 공동체의 확장에서 본 고난

하나님의 목적에 대한 이런 선교적 정의는 더 본래적이고도 큰 구조, 곧 하나님의 동인을 담아내는 해석학적 그릇이라고 할 수 있으며, 따라서 우리가 고난의 문제를 이해하는 데 도움을 줄 수 있다.

하나님은 인간의 타락으로 인해 구속이라는 작은 사명을 지속하신다. 그런데 그것은 하나님이 원래 의도하신 선교를 제자리에 되돌려 놓기 위한 일이다. 하나님의 선교는 처음부터 하나님의 형상을 가진 이들을 통해서 그분의 사랑 공동체가 무한히 확장하는 것이다. 타락으로부터의 구속은 본래의 선교에 종속된다. 그러므로 신약성경에서 말하는 새 창조의 목적은 단지 구속만이 아니다. 오히려 하나님의 원래 목적의 궁극적 실현, 곧 그분의 형상을 가진 이들에 의해 온 우주에 그분의 사랑 공동체가 확장되는 것이 새 창조의 목적이다.

신약성경의 몇몇 부분을 살펴보자. 특히 고린도전서 13장은 아주 강력한 본문이다. 13장 전반부, 특히 4-6절을 읽어 보라. 이 내용을 단지 우리에게 주어진 의무로 읽기보다는 하나님을 생각하며 읽는다면 우리의 삶이 달라질 것이다(이것이 바울의 의도라 생각한다). 하나님이 어떤 분이신지 생각해 보라. 하나님은 사랑이시며, 사랑은 끝이 없다(고전 13:8).

또한 우리는 요한1서 4:8과 4:16로 가서 요한이 말하는 바를 들을 수 있다. "보라! 하나님은 사랑이시다!" 하나님은 만물이 존재하기 전, 영원 전부터 열정적이고 서로 스며드는 사랑의 공동체이시다.

이러한 사실은 고난에 관한 질문에 어떤 영향을 주는가? 사랑은 자유를 존중한다. 사랑은 강요하지 않는다. 생각해 보자. 하나님은 자유로운 존재들을 창조하셔야 했다. 그 존재들은 사실상 사랑을 돌려주지 않는 선택을 할 가능성을 갖고 있다. 사랑에 반응하는 일은 자동으로 일어나지 않으며 강요될 수도 없다. 그러한 반응은 인간 본성에 내재되어 있지 않다.

그러므로 사랑은 위험을 감수할 준비가 되어 있다. 고린도전서 13장 말씀 그대로다. 사랑은 오랫동안 헌신한다. 그러므로 신실하다.

사랑은 자기 자신을 내어준다. 언제나 선을 추구한다. 사랑에 관해 더 많은 것을 이야기할 수 있겠지만, 지금까지 언급한 내용이 핵심이다. 여기서 논의하는 사랑은 헬라어로 '아가페'(αγάπη)라고 불리는 것이다.

하나님의 선교가 그분의 사랑 공동체를 확장시키는 것이기에, 사랑은 하나님의 선교를 결정한다. 이것은 '고난과 하나님의 선교'라는 표현이 야기하는 질문에 놀라운 함의를 갖는다. 하나님은 자유로운, 하나님의 형상을 가진 존재를 만드셔야 했다. 사랑을 강요하는 것은 그 목적에 위배된다. 그렇기에 하나님은 자신을 그분의 사랑 공동체의 확장이라는 선교에 헌신하시면서, 또한 어떤 방식(modus operandi)에 자신을 맡기셨다. 하나님은 "이것은 내 목적이니까 목표를 이루기 위해서 어떤 방법이든 내 맘대로 쓴다"고 하실 수 없다.

이것은 하나님이 역사 속에서 항상 사랑과 일치하는 방식으로 행동하시리라는 뜻이다. 물론 성경의 어느 부분을 읽을 때는 이러한 관점을 유지하기 어렵다고 느낄 수 있다. 그러나 하나님은 언제나 사랑 안에서 행동하신다. 심지어 진노 안에서 행하실 때조차도 사랑으로 행하신다. 진노의 대상들을 향한 사랑이면서도 그 대상들이 진노하는 또 다른 대상들을 향한 사랑이다.

그러므로 하나님은 고난의 가능성에 이미 헌신하셨다. 하나님은 신실하게 모든 것을 감내하신다. 그리고 궁극적으로 당신 스스로를 우리에게 주신다. 이스라엘의 하나님은 실제로 이스라엘의 이야기 속으로 들어오셔서 자신과 모든 것을 내어주셨다. 빌립보서 2장에서 이야기하듯, 하나님은 종의 형상을 취하셨을 뿐만 아니라 최악의 방식으로 죽으셨다. 십자가의 죽음, 그것은 저주의 죽음이었다. 신명기

21장에 비추어 볼 때 그분께서는 율법의 저주 아래서 죽으셨다. 그리고 하나님의 사랑은 항상 유익을 위해 일한다.

정리하자면, 하나님의 선교는 처음부터 하나님 자신이 고난받을 가능성을 내포하고 있었다고 말할 수 있다. 즉, '하나님 사랑의 무한한 확장'이라는 관점에서 정의된 선교적 해석학은 고난의 가능성을 하나님의 원래 계획, 곧 하나님의 형상대로 창조된 존재들을 향하여, 또한 그들을 통해서 하나님의 사랑 공동체를 확장시키려는 계획에 내재된(intrinsic) 것으로 인식한다. 그리고 이렇게 다시 정의된 하나님의 선교의 관점에서 고난을 바라볼 때 우리는 고난이 단지 헛되고 무의미한 것에 불과하다는 전제에서 벗어나게 된다.

물론 하나님이 고난의 가능성을 '기정사실'로 계획하시지는 않았다. 오히려 하나님은 자신의 창조물인 아담과 하와의 선택에 의해 하나님과 우리 자신에게 현실화될 수 있는 고난의 가능성에 스스로를 내어놓으셨다. 달리 말해, 하나님은 그런 의미에서 그 선택에 자신을 내어 맡기셨다고 할 수 있는데, 이는 전적으로 하나님 스스로 내리신 결정이었다.[6] 물론 아담과 하와의 선택은 단지 그들만의 선택이

---

6   물론 조직신학적 사고를 지향하는 이들은 이러한 생각이 하나님의 주권이나 자존성을 침해하지 않는지 의문을 가질 수 있으리라 생각한다. 하지만 전혀 그렇지 않다. 지금 우리는 하나님의 사랑 공동체의 무한한 확장을 포함하는 하나님의 선교의 필연적 결과로서 하나님 자신의 자유로운 결정에 대해 이야기하고 있다. 하나님이 어떤 선택을 하실 수 있었는지 혹은 없었는지를 하나님 사랑의 관점에서 말하려는 것이다. 이 점에서 블레즈 파스칼(Blaise Pascal)이 그의 옷자락에 붙여 놓았던 문구를 기억했으면 한다. "철학자들의 하나님은 아브라함과 이삭과 야곱의 하나님이 아니다." 우리는 하나님을 지극히 인격적인(hyper personal) 존재, 곧 무한하고 영원한 사랑의 관계로 특징지어지는 존재로 바라보는 법을 배워야 한다.

아니었다. 우리, 곧 타락한 인류 모두가 같은 선택을 해 왔다. 놀랍게도 하나님은 그러한 가능성에 자신을 내어놓으셨고, 그 가능성은 현실이 되었다. 아담의 반역으로 인해 고통과 사망이 정말로 세상 가운데 들어오게 되었다(롬 5:12-14). 그렇게 모든 생명이 허무에 굴복하고 말았다(롬 8:20).

이를 바탕으로 다루려는 중요한 질문이 하나 있다. 그렇다면 하나님의 자녀들인 우리가 당하는 고통은 무슨 의미인가? 만약 하나님이 확실히 저주를 제거하기 위해 결정적 방법으로 고난당하셨다면 왜 우리가 여전히 고통과 고난을 겪어야 하는가? 분명히 말하지만, 그리스도 안에서 하나님이 당하시는 고난은 속죄를 위한 고난이었으며 다른 무엇도 이를 대신할 수 없다. 그런데 다른 여러 고통이 여전히 우리 주위에 도사리고 있다. 하나님이 고난받으셨는데 왜 그분의 백성이 계속해서 고난받아야 하는가? 물론 변증학적으로 고통의 존재 자체에 관해 질문할 수도 있을 것이다. 그러나 여기서는 의인의 고통, 곧 그리스도를 통해 하나님과 관계를 맺은 사람들이 당하는 고난에 집중하고자 한다.

하나님의 선교와 고난: 욥의 이야기

이 주제와 관련해서 욥의 이야기를 짧게 살펴보자. 욥은 부유했고 자녀도 많았다. 많은 축복을 받았고 선한 삶을 살았다. 그러나 하루 아침에 모든 것을 빼앗겼다. 재산, 자녀, 나중에는 건강마저 잃었다. 불행한 사람이 되고 말았다. 그게 끝이 아니었다. 이 모든 일이 벌어지고 종기로 가득한 피부를 기와 조각으로 긁고 있을 때 욥의 아내는 말한다. "차라리 하나님을 저주하고 죽으세요."

그다음에는 가까운 친구 셋이 등장한다. 그들은 좋은 친구였다. 아무 말 없이 한 주를 욥과 함께 보냈다. 그러나 그 이후 친구들은 욥이 가졌을 만한 불평에 대응하며 점차 하나님을 변호하고자 했다. 그들은 계속해서 욥에게 숨긴 죄가 있지 않은지 추궁했다. "네가 죄를 짓지 않았다면 하나님이 네게 이렇게 하실 이유가 없다." "하나님은 너를 징계하고 계신다." "하나님은 너의 죄를 심판하고 계신다." "회개해라. 그러면 하나님이 고난을 거두실 것이다."

욥기는 정말 감동적이며, 특히 욥의 말은 놀랍다. 그런데 욥기에서 정말 놀라운 점은 욥 자신도, 그의 아내도, 그의 친구들도 전혀 알지 못했던 사실이 있다는 것이다. 바로 욥이 당하는 고난 배후에서 벌어진 큰 싸움에 관한 내용이다. 독자들은 욥기의 서두와 결말부에서 이에 대해 듣는다.

천상의 회의에서 사탄은 여호와 하나님 앞에 나아와 도전한다. 사탄이 어떻게 하나님을 도발했는가? 욥기 1:9-11에서 사탄은 이렇게 말한다. "욥이 어찌 까닭 없이 하나님을 경외하리이까?…이제 주의 손을 펴서 그의 모든 소유물을 치소서. 그리하시면 틀림없이 주를 향하여 욕하지 않겠나이까?"

지금 무슨 일이 일어나고 있는가? 어떤 싸움이 벌어졌는가? 이 대목은 욥기에서 매우 중요한 부분이다. 지금 사탄은 사실상 하나님의 선교에 도전하고 있다. 하나님의 선교가 무엇인가? 지금 정의하는 바에 따르면 하나님의 형상을 가진 창조물들 안에서, 그 창조물들을 통해서 하나님의 사랑 공동체를 무한히 확장시키는 것이다. 그 일은 하나님과 진정한 관계를 가질 수 있는 사람들, 하나님을 경외하고 그분께 사랑과 경배와 찬양을 드리는 이들을 통해 이루어진다. 그럼에도 하나님이 만드신 피조물들이 하나님의 사랑에 자동으로 반응하는 것은 아니다.

그렇기에 사탄은 이렇게 하나님을 도발하는 셈이다. "왜 이리 어리석으십니까? 하나님의 선교를 한낱 이런 피조물에게 맡기다니요? 당신은 인간들과 진정한 사랑의 관계를 가질 수 없습니다. 인간들은 단지 먹이를 주는 손만 핥을 뿐입니다. 한번 그들에게 주신 것들을 빼앗아 보십시오. 분명 인간들은 당신을 저주할 겁니다."

이 모든 것 뒤에는 사탄, 하나님, 사람 사이의 작용이 있었다. "아담이 이미 그것을 입증하지 않았습니까? 모든 것이 풍족했던 완벽한 동산에서 아담은 제가 유혹하자 당신을 배신했습니다. 하물며 이렇게 타락하여 깨진 세상에서 사람들이 당신을 배반하도록 만드는 일은 얼마나 쉽겠습니까? 그들은 결코 당신을 사랑할 수 없습니다. 그리고 당연히 서로를 사랑할 수 없을 겁니다. 당신은 결코 그들을 축복할 수 없을 겁니다. 하나님, 당신의 선교는 실패했습니다. 애초에 시도하지 말았어야 할 일이었습니다." 사실 사탄은 욥에게 별 관심이 없다. 우리에게도 관심이 없다. 사탄의 궁극적 목적은 하나님의 뜻, 하나님의 계획, 하나님의 목적, 곧 하나님의 선교를 좌절시키는 것이다.

하나님의 선교가 가진 사랑이라는 본질은 하나님이 인간들의 자유로운 참여와 선택을 허용하시는 일을 요구한다. 그러므로 성도가 고난받을 때에 "주신 이도 주님이시요 거두신 이도 주님이시니 주님의 이름이 찬송을 받으실 것이다"라고 고백한다면 사탄과 정사와 권세들은 "아냐, 이럴 순 없어!"라며 패배에 울부짖을 것이다. 그리고 하나님의 선교가 옳았다는 사실이 계속하여 입증될 것이다.

그리스도를 믿음으로써 박해받는 사람뿐만 아니라 암으로 쇠약해져 가는 그리스도인, 비극적 사고로 자녀를 잃은 성도에게도 이것은 사실이다. 평범한 그리스도인이 이 땅에서 경험하는 어떠한 고난 가운데서도 삼위 하나님을 향한 사랑으로 반응한다면 그 자체로 하나님의 선교는 승리하고 있는 것이다.

이것이 하나님의 선교가 가진 궁극적 의미다. 하나님의 사랑 공동체를 확장시키기 위한 선교, 스스로 사랑하신 하나님에 의해 계획된 선교의 의미. 그리고 그것은 하나님을 사랑하는 모든 사람이 겪는 고난에 궁극적 의미를 부여한다.[7]

---

[7] 이로써 서두에 제기한 '타락-구속' 중심의 하나님의 선교 관점에서 고난을 다룰 때 발생하는 네 가지 문제가 하나님의 선교를 재정의함으로써 어떻게 극복될 수 있는지 어느 정도 다루어졌다고 생각한다. 다만 도킨스나 히친스(Christopher Hitchens) 같은 신무신론자들이 제기하는 "고난의 문제"에 대한 대답을 간략하게나마 더 분명하게 제시할 필요가 있다. 하나님의 선교가 단지 구속적이고 회복적인 것으로 여겨지는 한, 하나님이 원칙적으로 이미 그리스도 안에서 승리하셨음에도 회복을 미루시는 것을 설명하기는 어렵다. 그러나 만약 하나님의 근본적 선교가 그분의 사랑 공동체로 우주를 채우는 긍정적이고 건설적인 일이라면, 신실한 사랑을 위한 고난은 다가올 구속을 이루는 수단의 일부이자 구속의 중요한 증거다. 그 증거는 '정사와 권세들'의 패배를 선언할 뿐만 아니라, 그것을 지켜보는 세계에 경이의 호기심을 불러일으킨다. "여러분 안에 있는 소망의 이유가 무엇입니까?"(벧전 3:15) 신무신론자는 죄 많은 인간의 선택에 따른 모든 해로운 결과를 지배하기 위해 자신의 능력을 사용하는 선한 신을 말할 것이다. 반면에 선교적 그리스도인은 사랑의 사명을 가진 선하신 하나님은 "하나님의 자녀들의 영광의 자유"(롬 8:21)와 하늘과 땅의 확장과 통합을 위해 그 권능을 사용할 수 없다고 말할 것이다. 여전히 다루어야 할 문제가 많지만, 이는 이 글의 범위를 넘어선다.

결론: 함께 고난받으시는 하나님

욥이 상상조차 할 수 없었던 사실이 하나 더 있다. 특히 욥기의 결말에 비추어 볼 때 그렇다. 하나님이 욥에게 나타나셔서 하신 말씀을 기억해 보라. "너는 누구냐? 내가 이 모든 일을 했을 때, 너는 어디 있었느냐?" 하나님이 행하시는 일은 욥뿐만 아니라 욥기의 저자 또한 쉽게 상상하지 못할 만큼 놀라운 일이었다.

그러나 우리는 그 일을 확실히 알고 있다. 하나님은 그분의 선교에서 우리와 함께 고통당하신다는 사실이다. 바울이 로마서 5:8에서 말하는 것처럼, "우리가 여전히 죄인이었을 때에 그리스도께서 우리를 위하여 죽으셨고, 하나님은 우리를 향한 자신의 사랑을 확증하셨다." 그리스도의 죽음은 삼위 하나님의 사랑의 선교를 위한 하나님의 결정적 행동이었다.

하나님은 그리스도 안에서 결정적으로 고난받으셨을 뿐만 아니라 십자가 위에서 역사의 모든 상처와 아픔이 영원하신 하나님께 쏟아졌다. 그런데 바울은 로마서 8장 후반부에서 매우 주목할 만한 말을 한다. "피조물이 다 이제까지 함께 탄식하며 함께 고통을 겪고 있는 것을 우리가 아느니라. 그뿐 아니라 또한 우리 곧 성령의 처음 익은 열매를 받은 우리까지도 속으로 탄식하여"(롬 8:22-23). 바울은 계속해서 말한다. "이와 같이 성령도 우리의 연약함을 도우시나니 우리는 [고난 중에] 마땅히 기도할 바를 알지 못하나"(롬 8:26). 우리는 어떻게 기도해야 하는가? 북한에 있는 성도들의 고통을 위해 무엇을 어떻게 간구할 수 있는가? 어디서부터 시작해야 할지 우리는 알지 못한다. 그러나 바울은 확신하여 말한다. "성령도 우리의 연약함을 도우시나니…오직 성령이 말할 수 없는 탄식으로 우리를 위하여 친히 간구하시느니라"(롬 8:26).

여기 삼중의 신음이 있다. 피조물의 신음, 하나님의 백성의 신음, 마지막으로 성령에 의한 하나님의 신음. 하나님은 우리에게 자신을 내어놓으셨고 우리와 함께 고난받으신다. 십자가 위의 아들 예수 그리스도 안에서 그렇게 하셨을 뿐만 아니라 바로 지금 우리가 세계 각처 어디에 있든지, 고난으로 신음하며 기도할 때 성령께서도 말할 수 없는 탄식으로 우리를 위해 간구하신다.

그래서 바울은 말한다. "하나님을 사랑하는…자들에게는 모든 것이 합력하여 선을 이루느니라.…누가 우리를 그리스도의 사랑에서 끊으리요?…[그 어떤 것도] 우리 주 그리스도 예수 안에 있는 하나님의 사랑에서 끊을 수 없으리라"(롬 8:28, 35, 39).

그 사랑이 우리를 하나님과 함께하는 고난으로 초대한다. 우리는 고난받으시는 하나님의 사랑의 관계 속으로 들어감으로써, 하나님의 사랑 공동체를 무한히 확장하는 일에 부름받았다. 고난 가운데서 우리는 하나님의 선교가 여전히 계속된다는 아주 놀라운 사실을 증언한다. 하나님의 백성들이 비단 좋은 상황에서뿐만 아니라 고난 가운데서도 찬양할 때 하나님의 선교는 승리한다. 그렇게 우리의 고난은 세상을 구원하시는 하나님의 선교에 쓰임받는다.[8]

---

8   물론 우리의 고난이 그리스도의 고난처럼 속죄의 역할을 할 수는 없다. 우리의 고난은 속죄와는 다른 방식으로 하나님의 선교에 기여한다.

참고문헌

구더, 대럴 편저. 『선교적 교회』. 정승현 옮김. 인천: 주안대학원대학교출판부, 2013.

Edwards, Jonathan. *The Works of Jonathan Edwards. With an Essay on His Genius and Writings*. London: William Ball and Co. 34, Paternoster Row, 1839.

Guder, Darrell L. ed. *Missional Church: A Vision for the Sending of the Church in North America*. Grand Rapids: Wm. B. Eerdmans Publishing Co, 1998. 『선교적 교회』 (주안대학원대학교출판부).

Holmes, Michael W. ed., *The Apostolic Fathers in English*, 3rd edition. Grand Rapids, Mich.: Baker Academic, 2006.

Piper, John. *God's Passion for His Glory*. Wheaton, Illinois: Crossway Books, 1998. 『하나님의 열심』(부흥과개혁사).

2장
성전과 선교

고별설교가 보여 주는 예수와 제자들의 사명과 고난

이강택

서론

여러 해 전 한 그리스도인 무리가 불교 사찰에 들어가 사리탑을 돌면서 복음성가를 불렀다는 보도가 있었다. 한두 해 전에는 자신을 그리스도인으로 밝힌 사람이 불교 사찰에 불을 질러 사찰이 전소된 일도 있었다. 매우 안타까운 것은 이와 같은 그리스도인들의 행태가 기독교 진리의 도를 전하려는 생각과 맞닿아 있다는 것이다. 이른바 '기독교 승리주의' 방식의 복음 전파 및 선교가 복음주의적 그리스도인들의 사고 속에서도 어렵지 않게 발견된다. 사실 그리스도인들이 보여 주는 이와 같은 '기독교 승리주의' 방식의 선교는 서양 선교사들에 의한 한국 개신교 선교 초기에도 이미 존재했다. 바로 이 시점에 우리는 우리가 주님이라고 부르는 예수의 사명(선교)과 그분께서 제자들에게 말씀하셨던 사명(선교)을 다시 한번 점검해 봐야 할 것이다. 우리는 이 작업을 요한복음 가운데 특별히 예수께서 십자가를 지시기 전날 밤 제자들에게 행하신 고별설교[1]를 통해서 주석적으로 확인하는 시도를 할 것이다. 제1고별설교를 통해 예수께서 십자

---

[1] 요한복음 학자들은 일반적으로 요한복음 안에 하나의 고별설교(연설/강화)가 있고 이것이 두 부분으로 나누어져 있다고 생각한다. 13장 후반부터 16장까지를 고별설교(연설/강화)라고 부르는데 13장 후반부터 14장까지 제1고별설교, 15-16장을 제2고별설교라고 부른다. 이는 14:31 때문이다. 여기서 예수께서는 제자들에게 "여기를 떠나자"고 말씀하신다. 31절에서 "여기"는 13장부터 진행되어 온 최후의 만찬 자리다. 예수께서는 이 만찬 자리에서 제1고별설교를 하셨다. 그리고 제자들에게 그 자리를 떠나자고 말씀하셨다. 이런 이유로 학자들은 하나의 고별설교를 두 개로 구분하여 부른다. 학자들에 따라 동일한 부분을 고별설교, 고별연설, 고별강화 등으로 다양하게 부르지만 여기서는 언어의 통일성을 위해서 고별설교라고 부르기로 한다.

가를 지시하는 것이 성전을 짓는 사명으로 설명되고 있음을 확인하고, 이 사명이 제자들을 통해서 선교의 사명으로 이어지는 것이 제1고별설교의 주요 주제임을 밝힐 것이다. 그리고 이 주제가 제2고별설교에서 어떻게 다른 그림 언어를 통해서 표현되고 있는지 고찰할 것이다. 이 과정에서 이른바 크리스토텔릭 성경 읽기(Christotelic reading of Scriptures)[2]가 어떻게 선교적 성경 읽기(Missional Reading of Scriptures)로 연결되고 귀결될 수밖에 없는지 드러날 것이다. 또한 예수의 선교와 제자들의 선교에서 필연적으로 등장하는 고난이라는 주제도 자연스럽게 드러날 것이다.

제1고별설교: 요한복음 14:1-14

예수의 고별설교를 듣는 첫 제자들을 지배하는 감정은 근심과 두려

---

[2] '크리스토텔릭'이라는 단어는 미국 웨스트민스터 신학교의 교수였던 스티븐 테일러(Stephen Taylor)와 더글러스 그린(Douglas Green)이 고안했다. 그들은 리처드 헤이스(Richard Hays)가 바울에게 적용했던 단어인 'ecclesiotelic'에 착안해서 크리스토텔릭이라는 단어를 만들었다. 웨스트민스터의 구약학 교수였던 피터 엔스(Peter Enns)가 이들의 동료였는데, 엔스는 이 단어를 그의 논문에서 적용해서 사용했다. 엔스는 이 단어를 'christological'(기독론적) 혹은 'christocentric'(그리스도 중심적)과 구별하여 사용하려 했다. 이 두 단어는 구약의 모든 곳에서 그리스도를 발견할 수 있다는 암시를 주는 데 반해, 크리스토텔릭은 그리스도가 구약의 최종적 목표/종착점(telos)이라는 의미를 담는다. 이와 관련된 자세한 논의는 Peter Enns, *Inspiration and Incarnation: Evangelicals and the Problem of the Old Testament* (Grand Rapids: Baker Academic, 2005), pp. 177-178.『성육신의 관점에서 본 성경 영감설』(기독교문서선교회); Peter Enns, "Apostolic Hermeneutics and an Evangelical Doctrine of Scripture: Moving Beyond a Modernist Impasse", *WTJ* 65 (2003): pp. 263-287, 특히 pp. 275-279를 참조하라. 이 글에서도 크리스토텔릭 관점에서 요한복음의 고별설교를 읽는다. 특히 제2고별설교에 이러한 특징이 분명하게 나타난다.

움이었다. 이제 이 밤이 지나면 예수께서는 제자들을 떠나셔야 하는데, 제자들의 얼굴에는 두려움과 근심이 너무나 분명하게 보였다. 그래서 예수께서는 "너희는 마음에 근심하지 말라"고 말씀하셨다. 또한 예수께서는 이 두려움과 근심을 근본적으로 이기는 방법이 무엇인지도 말씀하셨다. 바로 믿음이다. 예수께서는 제자들에게 "하나님을 믿으니 또 나를 믿으라"라고 직접 말씀하셨다.

새로운 성전과 십자가

그럼 지금 매우 구체적인 정황 속에서 두려움에 붙들려 있는 제자들에게 예수께서 말씀하시는 믿음이란 구체적으로 무엇인가? 일단 이 본문은 전통적으로 예수의 재림을 이야기하는 본문으로 이해되었다. 본문에서 "너희를 위해서 거처를 예비하러 간다"는 말씀을 예수께서 천국에 저택을 지으러 가신다고 이해하는 것이다.[3] 실제로 킹 제임스 버전에서는 문자 그대로 "내 아버지 집에 저택이 많다"(In my Father's house are many mansions)라고 번역해 놓았다. 그러니까 이러한 전통적 이해에 따르면, 예수께서는 지금 자신이 하나님 아버지께로 가서 천국에서 제자들이 살 집을 마련하고 재림하심으로써 제자들에게 다시 돌아오겠다고 말씀하시는 것이다.[4] 이런 맥락에서 이해하면 예수께서는 이천 년 동안 천국에 저택을 짓고 계신 셈이다. 중요

---

[3] George R. Beasley-Murray, *John*, WBC 36 (Waco: Word Wooks, 1987), p. 249. 『요한복음』(솔로몬).

[4] C. H. Dodd, *The Interpretation of the Fourth Gospel* (New York: Cambridge University Press, 1953), p. 393.

한 점은 2-3절에서 예수께서 의도하신 바가 무엇이냐는 것이다. 일단 고별설교(14-16장)의 문맥 자체가 예수의 재림을 이야기하는 데 강조점이 있지 않음을 먼저 말해야겠다. 고별설교에서는 지금 예수께서 떠나시더라도 제자들이 걱정할 필요가 없는 것은 바로 예수께서 성령을 통해서 제자들과 함께하시기 때문임을 강조한다. 그래서 본문이 재림을 이야기하는 것이라고 설명하면 이는 문맥과 다소 동떨어진 해석이 될 수 있다. 지금 예수께서는 천국에서 건축 프로젝트를 진행하고 계시며 프로젝트가 완성되어야 제자들에게 돌아오신다는 말이 될 수도 있기 때문이다. 그 말이 지금 두려움 속에서 근심하는 제자들에게 어떻게 실제로 위로가 되는가?[5]

요한복음에서 이 본문이 재림을 이야기한다고 이해하는 것이 설득력이 약한 가장 결정적인 이유는 2절에 등장하는 "아버지의 집"(τῇ οἰκίᾳ τοῦ πατρός)이라는 어구다. 물론 유대인의 전통에서 '아버지의 집'이라는 표현은 하늘의 장소를 가리킬 수 있다.[6] 그러나 요한복음의 내적 증거를 보면 이 표현은 분명 성전을 가리키는 것처럼 보인다. 대표적인 예가 요한복음 2:16에 등장한다. 유대인들이 성전을 장사하는 곳으로 만든 것을 보고 예수께서는 분개하시면서 내 "아버지의 집을 장사하는 곳으로 만들지 말라"(μὴ ποιεῖτε τὸν οἶκον τοῦ πατρός μου οἶκον ἐμπορίου)고 말씀하셨다.[7] 요한복음에서 내 '아버지의 집'이란

---

5 레이몬드 E. 브라운, 『앵커바이블 요한복음 II』, 최흥진 옮김(서울: 기독교문서선교회, 2013), p. 1247.
6 필론, 이레나이우스 등 교부 문헌에 등장하는 몇몇 사례는 브라운, 『앵커바이블 요한복음 II』, p. 1247를 보라.
7 물론 14:2과 2:16에서는 각각 헬라어 '오이키아'(οἰκία), '오이코스'(οἶκον)가 사용되었

하늘에 있는 저택을 말하는 게 아니라 성전을 의미한다. 사실 이러한 해석은 요한복음의 전체 맥락과도 정확하게 일치한다. 요한복음 2:19에서 예수께서는 "성전을 헐라. 내가 사흘 동안 일으킬 것이다"라고 말씀하셨다. 이 이야기는 유대인들에게 오해를 불러일으켰다. 헤롯 성전을 46년 동안 지었는데 어떻게 사흘 동안에 일으키겠느냐는 것이다. 하지만 예수께서는 물리적인 성전을 짓겠다고 하신 게 아니라 성전 되신 자신의 육체를 말씀하신 것이었다(2:21). 예수께서는 손으로 짓지 아니한 성전을 짓기 위해서 자신이 돌아가셔야 한다는 사실을 '사흘'(ἐν τρισὶν ἡμέραις)이라는 단어를 통해서 분명히 하셨다. 그리고 사흘 만에 부활하심으로써 손으로 짓지 아니한 성전을 짓게 되시는 것이다.[8] 2:22에서는 제자들을 비롯해서 요한이 예수의 부활 후에 십자가 죽음과 부활이 무형의 성전을 짓는 일임을 깨닫게 되었다고 기록한다. 즉, 문맥을 보면 예수께서는 제자들에게 재림을 약속하시며 자신이 하늘에 집을 지으면 제자들에게 다시 돌아오리라고 말씀하시는 게 아니다. 자신의 십자가를 통해서 무형의 새로운 성전을 짓고 다시 제자들에게 찾아오겠다고 말씀하시는 것이다. 예수께서 새로운 성전을 지으시는 방법이 내일 자신이 지게 될 십자가임을 구체적으로 가르쳐 주신 것이다.

 그렇다면 십자가를 통해 성전을 지으시고 다시 제자들에게 찾아

다. 그러나 1세기 문맥에서 두 단어는 거의 구분 없이 사용된다.
[8] 건드리와 커의 논증을 참조하라. Robert H. Gundry, "In My Father's House Are Many Monai", *ZNW* 58 (1967): pp. 68-72; A. R. Kerr, *The Temple of Jesus' Body: The Temple Theme in the Gospel of John* (London: Continuum International Publishing Group, 2002).

오겠다고 하신 말씀이 요한복음 안에서 가지는 구체적 의미는 무엇인가? "가서 **너희를 위하여 거처를 예비하면**(ἑτοιμάσω τόπον ὑμῖν) 내가 다시 와서 너희를 내게로 영접하여 나 있는 곳에 너희도 있게 하리라." 일단 이곳에 등장하는 거처라는 단어 '토포스'(τόπον)는 신구약성경에서 빈번하게 성전을 가리키는 단어로 사용되었다(신 12:5; 16:16; 17:8; 18:6; 31:11; 왕상 8:42; 대하 6:32; 행 6:13; 21:28; 계 12:6 등). 또한 이 '토포스'라는 단어가 요한복음 4장에서 사마리아 여자와의 대화에서도 등장하는데, 예배할 장소로서 성전을 암시한다(4:20).[9] 이러한 요한복음의 맥락 속에서 3절에 등장하는 거처(토포스)는 예수께서 손으로 짓지 아니한 성전으로 제자들을 찾아오셔서 새로운 성전에서 제자들과 함께하시겠다는 약속으로 이해될 수 있다. 달리 표현하면 이 약속은 세상 끝 날까지 제자들과 함께하시겠다는 임마누엘의 약속이다. 이 같은 예수의 약속은 제2성전기 당시 유대인들이 가지고 있었던 메시아의 성전 건축 사상과도 정확하게 일맥상통한다. 『시빌의 신탁』(*The Sibylline Oracle*)에는 메시아적 인물이 하늘에서 내려와 웅장한 성전을 건축한다고 묘사한다. 제4에스드라 13장에는 메시아적 인물이 등장해서 시온산을 회복하는 이야기가 등장하는데 비록 성전이라는 구체적 단어가 등장하지는 않지만 성전의 회복이 분명히 암시되어 있다.[10] 물론 유대인들의 이 같은 사고는 구약성경 이

---

9 권해생, 『요한복음』(서울: 대한예수교장로회 총회출판국, 2016), p. 391.
10 이와 관련한 보다 자세한 논의는 H. S. Kwon, "Jesus as High Priest in John 17: A Critical reassessment of an Old Interpretation" (unpublished PhD dissertation, Bristol: The University of Bristol/Trinity College, 2012)을 참조하라.

사야 2:1-3, 에스겔 37:24-28, 스가랴 6:12 등에 기인했을 것이다. 그 중 스가랴 6:12에서는 명시적으로 메시아적 인물이 여호와의 전을 건축하리라고 언급한다.[11]

예수께서 가시는 곳에 제자들은 갈 수 없다는 말씀에 제자들은 두려웠다(13:36). 그들은 근심에 휩싸였다. 그런데 예수께서는 제자들에게 근심하지 말고 자신을 믿으라고 말씀하신다(14:1). 자신이 가는 것(십자가 사건)이 제자들을 위해서 성전을 예비하는 일이 될 것이기 때문이다. 예수께서는 눈에 보이는 건물이나 공간으로서의 성전이 아니라 하나님을 사랑하고 그분의 말씀을 지킬 제자들을 하나님의 새로운 백성으로 새롭게 창조하시어 성전에서 함께하시겠다고 약속하신다. 다시금 제자들에게 새로운 성전으로 찾아오시겠다고 약속하신다(14:3). 이러한 일이 예수의 십자가와 부활과 함께 일어날 것이기 때문에 두려워하고 근심에 싸일 필요가 없다고 말씀하시는 것이다. 지금 제자들은 예수의 부재가 만들어 낼 감당할 수 없는 상황으로 인해서 두려웠고 근심에 휩싸여 있었다. 예수는 그러한 제자들을 위로하고 격려하신다. 예수께서는 자신의 육신이 떠나는 일(십자가 사건)이 실제적으로 새로운 성전 건축의 역사라고 말씀하신다. 예수께서는 십자가를 지기 위해서 몸으로는 내일 제자들을 떠나시겠지만, 부활을 통해 새로운 성전으로 제자들에게 돌아오실 것이다. 십자가와 부활을 통해 자신이 새롭게 지으실 성전에서 제자들과 새롭게 교

---

11   참조. 권해생, "요한복음 20:19-23에 나타난 예수의 성전건축과 메시야 직분", 「신약연구」 12(2013): pp. 214-239.

제하실 것이다.

새로운 성전에 이르는 길과 성전 교제의 목적

4절의 "내가 가는 곳에 그 길을 너희가 알리라"라는 언급은 제자들이 지금 당장 예수의 말씀을 이해하리라는 의미는 아닐 것이다. 예수께서 말씀하실 당시 요한을 비롯한 제자들은 이 말씀이 구체적으로 무엇을 의미하는지 여전히 몰랐기 때문이다. 예수께서 의도하신 십자가와 성전에 대한 가르침은 십자가와 부활이라는 역사적 사건을 통과하고 나서야 깨달을 수 있었다(2:22). 당장 이 말씀을 듣고 제자들은 어리둥절했다. 그래서 도마가 예수께 되묻는다. "주께서 어디로 가시는지 우리가 알지 못하거늘 그 길을 어찌 알겠사옵나이까?"(14:5) 정직한 대답이자 질문이다. 아직 도마를 비롯한 제자들은 지금 예수께서 떠나시는 길이 어디며 무엇을 의미하는지 제대로 모르고 있다. 그분이 가시는 곳이 어디인지를 알지 못하니 그 길을 알 수 없다는 것은 매우 상식적인 이야기다.

도마의 이야기를 들으신 예수께서는 제자들을 가르치기 위한 좋은 기회로 이 상황을 활용하신다. 6절을 읽으면 우리는 예수께서 자신을 길, 진리, 생명, 즉 세 가지로 묘사하셨다고 이해하기 쉽다. 물론 그러한 이해가 완전히 틀렸다고 말하기는 어려울 것 같다. 길, 진리, 생명은 각각 예수의 특징을 묘사하는 표현이기 때문이다. 그러나 본문의 핵심 주제가 길이라는 점은 분명해 보인다.[12] 5절에서 도마가 길

---

12   콜린 G. 크루즈, 『요한복음』, 배용덕 옮김(서울: 기독교문서선교회, 2013), p. 442.

에 대해서 질문했고 예수께서는 지금 그 질문에 대답하고 계시기 때문이다. 이런 문맥에서 진리와 생명은 각각 그 길이 가지고 있는 특징을 묘사하고 설명한다고 말할 수 있겠다.[13] 무엇보다 예수께서 말씀하시는 길은 아버지께 이르는 길이다. 문맥상 아버지께 이르는 길은 다름 아닌 '아버지의 집'에 이르는 길이라고도 말할 수 있다. '아버지의 집'은 성전을 일컫는 말이다. 예수께서는 하나님 아버지의 집, 즉 성전을 짓기 위해서 십자가의 길을 걸어가시는 것이다. 그 십자가의 길을 걸어서 자신의 몸으로 성전을 지으셔야만 죄인인 우리들이 죄를 용서받고 하나님의 새로운 가족으로 받아들여질 수 있기 때문이다. 이것이 13장 고별설교 직전 최후의 만찬 자리에서 제자들의 발을 씻어 주신 세족의 상징적 의미다.[14] 즉, 예수께서는 계속해서 일관된 주제로 제자들을 가르치신다. 그분 자신이 손으로 짓지 아니한 성전일 뿐만 아니라 아버지께 이르는 유일한 길이라고 말씀하신다. 손으로 짓지 아니한 하나님 아버지의 집인 성전이 바로 자신이기에, 자신을 통하지 않고는 어느 누구도 아버지의 집에 이를 자가 없다고 말씀하시는 것이다. 예수 자신이 아버지께로 향하는 유일한 길이다. 그런데 예수께서는 하나님 아버지께 향하는 이 길이 또한 진리의 길이며 생명의 길이라고 말씀하신다. 진리이신 하나님 아버지께 이르는 길이며 바로 그렇기 때문에 생명의 길이라는 말일 것이다. 요한복음에서 이미 예수께서는 자신이 생명이며 생명을 주는 자라고 말씀

---

[13] 같은 곳.
[14] 권해생, 『요한복음』, p. 370. 권해생은 그의 주석에서 세족이 가진 의미를 정결과 가족 환대라는 개념으로 설득력 있게 제시한다.

하셨다. "아버지께서 자기 속에 생명이 있음같이 아들에게도 생명을 주어 그 속에 있게 하셨고"(5:26). 6:33에서 예수께서는 자신이 세상에 생명을 주기 위해 하늘에서 내려온 떡이라고도 말씀하셨다.

예수께서 14:6에서 아버지께 이르는 길에 대해 말씀하셨다면, 14:7 이하에서는 그 길의 목적이 무엇인지 말씀하신다. 예수께서는 아버지께 이르는 길의 목적을 교제라는 개념으로 설명하신다. 이런 의미에서 고별설교가 그리는 기독교의 구원은 '하나님의 집인 성전으로의 초대'다. 이 성전으로의 초대는 누구에게나 열려 있지만 누구나 성전에 들어갈 수는 없다. 유일한 길이신 예수를 통하는 자만이 성전에 들어갈 수 있다. 이런 의미로 예수께서는 "나를 알았더라면 내 아버지도 알았으리로다"라고 말씀하셨다. 7절에서는 성전으로 초대하는 일의 목적을 말한다. 그 목적은 바로 아버지를 보고 아버지를 알아 가는 것이다(γινώσκετε αὐτὸν καὶ ἑωράκατε αὐτόν). 우리가 사람들을 집으로 초대하는 것이 그 사람을 보고 그 사람을 알아 가며 교제하기 위함인 것처럼 '아버지의 집'(τῇ οἰκίᾳ τοῦ πατρός)인 성전으로 초대하는 일 역시 마찬가지다. 하나님은 예수를 통해 우리를 성전인 아버지의 집으로 초대하셨다. 거기서 서로를 보며 서로를 경험하고 알아 가는 교제를 하기 위해서다. 바로 이러한 교제를 나누는 것이 고별설교에서 예수께서 성전을 지으신 이유다. 이런 의미로 기독교의 구원은 단지 죽어서 천국에 가는 것만이 아니라 지금 '아버지의 집'에서 아버지와 나누는 교제로 부르고 초청하는 일이다. 예수께서는 그 구원의 교제를 위해서는 십자가를 통해 무형의 성전을 짓는 일이 필요하다고 말씀하신다.

그보다 큰 일?

예수께서는 12절에서 자신을 믿는 자, 즉 성전이신 자신 안에서 자신을 통해서 하나님과 교제를 누리는 자가 어떤 일을 할 것인지 말씀하시는데, 바로 예수 자신을 믿는 자가 예수께서 하시는 일을 하리라고 말씀하신다(ὁ πιστεύων εἰς ἐμὲ τὰ ἔργα ἃ ἐγὼ ποιῶ κἀκεῖνος ποιήσει). 그 자체로도 놀라운 일인데 예수께서는 이에 더해서 '자신이 하는 일보다 더 큰 일도 할 것'(καὶ μείζονα τούτων ποιήσει)이라고 말씀하신다. 예수께서 말씀하시는 "내가 하는 일"은 구체적으로 무엇을 의미하는가? 요한복음에는 '내가 하는 일', '하나님의 일', 혹은 '나의 일', '그의 일'이라는 문구가 빈번하게 등장한다. 4:34에서 이 표현은 사마리아 여자를 비롯해서 사마리아 사람들에게 전도하는 일을 의미할 때 사용되었다. 5:20, 7:21에서는 베데스다 못의 장애인을 고치는 일을 의미하며, 9:3-4에서는 날 때부터 소경 되었던 사람을 고치는 일을 의미했다. 또 나의 일이라는 표현은 요한복음 여러 곳에서 예수께서 행하시는 여러 가지 이적과 가르침을 의미한다. 종합적으로 고려하면, '나의 일'이란 예수께서 이 땅에 오셔서 사람들이 영생을 누리도록 행하신 복음 사역을 총체적으로 일컫는 말이다. 이런 관점에서, 제자들도 예수께서 하신 그 복음 사역들을 미래의 시점에 똑같이 감당하게 될 것이다.[15] 그런데 더 놀라운 것은 제자들이 예수께서 하시는 일을 할 뿐만 아니라 그보다 더 큰 일을 감당하리라는 말씀이다.

---

15 Andreas J. Köstenberger, *The Missions of Jesus and the Disciples according to the Fourth Gospel* (Grand Rapids: Wm. B. Eerdmans Publishing Co., 1998), p. 171.

'더 큰 일'이란 구체적으로 무엇을 의미하는가?[16] 12하반절에서는 제자들이 예수께서 하시는 일을 할 뿐만 아니라 더 큰 일을 할 수 있는 이유를 설명한다. 이런 일이 가능한 것은 "예수께서 아버지께로 가시기 때문"(ὅτι ἐγὼ πρὸς τὸν πατέρα πορεύομαι)이다. 요한복음에서 예수께서 아버지께로 가신다는 말씀은 필연적으로 성령이 오시는 것과 연결되어 있다(16절). 그런데 성령을 보내시는 목적은 예수께서 "제자들과 영원히 함께하시기 위함"(ἵνα μεθ' ὑμῶν εἰς τὸν αἰῶνα ᾖ)이다. 고별설교에서는 이 주제가 계속해서 등장한다. 예수께서 가시면 그분께서는 자신을 대신해 성령을 보내 주실 것이다. 그런데 성령을 보내 주시는 일은 하나님 나라의 사역에서 매우 놀라운 측면을 지닌다. 예수께서는 이 땅에 계실 때 육신적 한계를 가지고 계셨다. 예수께서 이 땅에서 육신을 입고 제자들과 함께 계시는 것은 하나님의 구원 사역을 이루기 위해 반드시 필요한 일이었지만, 동시에 한계를 가질 수밖에 없는 일이었다. 육체를 가지고 있다는 것은 동시에 여러 곳에 있을 수 없음을 의미하기 때문이다. 그런데 예수께서 아버지께 가시고 자신을 대신해서 성령을 보내시면 어떤 일이 일어나는가? 성령께서는 예수의 제자들이 세상 어느 곳에 있든지 그들과 동시에 함께 계실 수 있다. 갈릴리에 있는 제자들과도, 예루살렘에 있는 제자들과도 함께하실 수 있다. 그래서 성령께서는 제자들과 함께 어느 곳에서든지 하나님 나라의 일을 감당하실 수 있다. 세상 곳곳에 있는

---

[16] 보다 자세한 논의는 Köstenberger, *The Missions of Jesus and the Disciples according to the Fourth Gospel*을 참조하라. 쾨스텐버거는 보다 더 큰 일을 사역의 규모나 양이 아니라 그리스도 안에서 완성된 사역이라는 종말론적 관점으로 설명한다.

수많은 제자는 이제 예수께서 이 땅에 계셨을 때 수행하셨던 하나님 나라의 복음 사역을 감당할 수 있게 된다.

이러한 일이 가능해지는 이유는 성령께서 하시는 사역과 직접적으로 연관된다. 26절에서 예수께서 밝히시듯이, 성령께서는 제자들에게 모든 것을 가르치시고 예수께서 제자들에게 하셨던 모든 말씀이 생각나게 하시기 때문이다[ἐκεῖνος ὑμᾶς διδάξει πάντα καὶ ὑπομνήσει ὑμᾶς πάντα ἃ εἶπον ὑμῖν(ἐγώ)]. 실제로 사도행전에서는 예수의 이 말씀이 첫 번째 제자들에게서 성취를 보게 된다고 이야기한다.[17] 첫 번째 제자들은 예루살렘에서 시작된 복음의 이야기를 예루살렘과 온 유대와 사마리아 땅과 온 유럽을 거쳐서 로마에 이르기까지 증거한다. 그들의 발이 닿는 곳마다 복음 증거의 역사가 일어났고, 그 생명의 복음에 반응하는 사람들이 생겨났으며, 그들로 인해 교회가 지상에 세워지기 시작했다. 이 모든 일이 예수께서 부활, 승천하신 지 한 세대도 지나지 않아서 일어났다. 예수께서 주로 사역하신 곳은 갈릴리와 유대 지역이었다. 물론 그 지역 주변에서도 사역하셨지만, 하나님 나라의 사역은 주로 갈릴리를 거점으로 한 팔레스타인 지역에 집중되어 있었다.[18] 그런데 예수께서 떠나시고 난 후 성령이 임하자 제자들은 예루살렘과 유대와 사마리아의 경계를 넘어 열방으로 하나님 나라의 복음을 증거하기 시작한다. 예수께서는 십자가 죽음, 부활, 승천, 성령 강림으로 말미암아 일어나게 될 하나님 나라의 놀라운 폭

---

17 Leon Morris, *The Gospel according to John* (Grand Rapids: Wm. B. Eerdmans Publishing Co., 1971), p. 646. 『요한복음 (하)』(생명의말씀사).

18 같은 곳.

발적 사역의 이야기를 제자들에게 미리 말씀해 주신 것이다. 스포츠에 비유하자면 정말 중요한 경기를 앞두고 코치가 선수들에게 전략을 구체적으로 설명하듯이 예수께서는 제자들에게 하나님 나라의 사역이 어떻게 진행될지 미리 큰 그림을 그려 주신 것이다.

큰일이 이루어지는 방법: 기도

예수께서는 이어서 이러한 하나님 나라의 사역이 구체적으로 어떻게 가능해지는지 말씀하신다. 그 구체적인 방법은 기도다. 14절의 "내 이름으로 무엇이든지 구하면"(ἐάν τι αἰτήσητέ με ἐν τῷ ὀνόματί μου)이라는 말씀의 문맥이 무엇인가? 예수께서는 제자들에게 무엇을 이야기하고 계셨는가? 예수께서는 이제 아버지께로 가신다. 그리고 성령을 제자들에게 보내실 것이다. 그러면 제자들은 예수께서 이 땅에 계실 때 감당하셨던 하나님 나라의 사역을 감당하게 될 것이다. 팔레스타인에서만 감당하는 것이 아니라 예루살렘과 유대와 사마리아의 경계를 넘어 그들이 살아가는 모든 곳에서 감당하게 될 것이다. 예수께서는 그런 의미로 제자들이 당신이 행하셨던 일보다 더 큰 일을 감당하게 되리라고 말씀하신 것이다. 예수께서 가시고 성령이 제자들과 함께하시기 때문이다. 이런 문맥에서 예수께서는 제자들이 당신의 이름으로 구하면 시행하리라고 약속하신다. 그렇다면 여기서 내 이름으로 구한다는 것은 구체적으로 무엇을 의미하는가? 바로 제자들이 하나님 나라의 사역을 감당하며 만나는 수많은 암초와 어려움이 있겠지만, 그 가운데서도 예수의 이름으로 아버지께 구하면 하나님은 자신의 영광을 위해서 하나님 나라의 사역을 마침내 이루어 내시리라는 약속이다. 이런 의미에서 제자들이 행하게 될 더 큰 일은 결코 독립적으로 이루어지지 않고 기도를 통해서 예수와 연결될 때에야 이루어진다.[19] 예수께서는 이 약속의 확실성을 강조하시기 위해서 14절에서 같은 말씀을 두 번 반복하신다.

제2고별설교: 15:1-27

15장은 제2고별설교가 시작하는 부분이다. 전후 문맥을 생각해 보면 아마도 이 말씀은 예수께서 최후의 만찬 자리를 떠나서 이동하시다가 예루살렘 성전을 보신 후에 하신 말씀인 듯하다. 예수께서 갑자기 포도나무에 대해 말씀하셨기 때문이다. 요세푸스의 문헌들(『유대고대사』 15.11.3, 『유대전쟁사』 5.5.3-4)에는 흥미로운 한마디가 등장한다. "본 성전 내부로 들어가는 문은 전체가 금으로 입혀 있었다. 주위 벽 전체도 마찬가지였다. 그 위로 황금 포도나무가 있었는데 여기에는 사람 키 정도 되는 포도송이가 매달려 있었다." 만일 제2고별설교가 마지막 만찬 장소에서 예수께서 배반당하신 겟세마네 동산으로 가는 과정에서 주어졌다면 참포도나무에 대한 가르침은 이 포도나무를 보시면서 혹은 보신 후에 주어졌을 가능성이 있다.[20]

---

[19] Charles H. Talbert, *Reading John: A Literary and Theological Commentary on the Fourth Gospel and the Johannine Epistles* (New York: The Crossroad Publishing Company, 1994), p. 206.
[20] 크루즈, 『요한복음』, p. 467.

참포도나무: 진정한 이스라엘

1절에서 예수께서는 자신을 참포도나무라고 말씀하신다. 예수께서 하신 말씀은 유대인이었던 제자들에게 매우 익숙하고 또한 유명한 이야기였다. 포도나무는 구약에서 빈번하게 하나님의 언약 백성인 이스라엘을 상징했기 때문이다(사 5:1-7; 27:2-6; 시 80:8-16; 렘 2:21; 겔 15:1-8; 19:10-14 등).[21] 특별히 이사야 5:1-7은 '포도원의 노래'라는 별명이 붙은 본문이다. 하나님은 여기서 이스라엘을 포도나무로 묘사하신다. 하나님은 농부이신데 극상품 포도나무를 기대하시면서 포도원에 포도나무를 심으셨다. 그러고는 농부가 할 수 있는 모든 일을 하셨다. 그런데 그 극상품 포도나무는 농부의 기대와는 달리 들포도, 즉 떫고 시어서 상품 가치가 없는 포도를 맺었다. 여기서 포도나무는 비유적으로 하나님의 언약 백성 이스라엘을 지칭한다. 이사야서 문맥을 보면 하나님은 하나님의 언약 백성 이스라엘 사람들에게서 하나님의 백성다운 열매를 보기 원하셨다. 하지만 그들은 하나님이 기대하지 않았던 참담한 열매를 맺었다. 정의와 공의 대신 포악과 횡포를 일삼았다. 그래서 농부이신 하나님은 그 포도원을 황폐하게 만들겠다고 말씀하신다. 이것이 이사야 5장의 이야기다. 예수께서는 이 이야기를 잘 알고 있는 유대인 제자들에게 "나는 참포도나무요 내 아버지는 농부라" 하고, 즉 이사야 5장의 메아리가 생각나는 방식으로 말씀하신 것이다.

---

[21] Andreas J. Köstenberger, "John" in *Commentary on the New Testament Use of the Old Testament*, ed. G. K. Beale and D. A. Carson (Grand Rapids: Baker Academic, 2007), p. 491. 『누가·요한복음』(기독교문서선교회).

이 구절에는 요한이 예수를 바라보는 크리스토텔릭 관점이 잘 표현되어 있다. 이스라엘이 포도나무이며 하나님 아버지는 농부임을 이사야서를 통해 잘 알고 있었을 제자들에게, 예수께서는 역사 속의 이스라엘이 진짜 포도나무가 아니라 실은 자신이 참포도나무라고 말씀하신다(Ἐγώ εἰμι ἡ ἄμπελος ἡ ἀληθινὴ καὶ ὁ πατήρ μου ὁ γεωργός ἐστιν). 달리 말해서, 이스라엘이 실패한 포도나무였다면 예수 자신은 하나님이 기대하신 진짜 포도나무라고 말씀하신 것이다. 예수께서 당신을 참포도나무라고 말씀하시는 것은 그분이야말로 농부이신 하나님 아버지의 뜻에 자신을 완전히 쳐서 복종시켜 아버지께서 원하신 뜻을 완벽하게 이루어 낸 진짜 하나님의 백성 이스라엘이기 때문이다 (참조. 8:28; 10:37-38; 12:49; 14:11, 31; 17:4). 참포도나무 되신 예수께서는 이스라엘을 향한 하나님의 참된 의도를 실현하신다.[22] 하나님의 진정한 축복이 흘러가는 통로가 되신다.[23] 예수께서 하신 말씀을 풀어서 쓰면 이렇게 말할 수도 있을 것이다. 예수께서는 지금 하나님이 기대하시는 열매는 전혀 맺지 않으면서 자신들이 하나님의 백성이라고 착각하며 살던 이스라엘이 실상은 참포도나무가 아니라는 매우 파격적인 말씀을 하신다. 이제 하나님의 새로운 계획이 자신 안에서 드러났는데, 하나님의 뜻에 완벽하게 순종하셨던 예수야말로 진짜 참포도나무, 즉 참이스라엘이다.[24] 이런 관점에서 예수께서는 자신을

---

22 같은 곳.
23 같은 곳.
24 마태복음 초반부인 1-4장에 등장하는 핵심 주제도 예수께서 진정한 이스라엘이 되신다는 관점에서 서술되어 있다. 보다 자세한 논의는 다음을 참조하라. 이강택, "이스라엘의 언약이야기의 관점에서 본 마태복음의 율법", 「Canon & Culture」 6(2012):

머리로 하는 새로운 하나님 백성의 시작을 제2고별설교에서 선포하신 것이다.

자신을 참포도나무, 즉 진정한 이스라엘이라고 말씀하신 예수의 이야기는 정확하게 같은 이야기를 하는 것으로 보이는 바울의 편지 한 대목을 상기시킨다. 갈라디아서 3:16에서 바울은 다음과 같이 이야기한다. "이 약속들은 아브라함과 그 자손에게 말씀하신 것인데 여럿을 가리켜 그 자손들이라 하지 아니하시고 오직 한 사람을 가리켜 네 자손이라 하셨으니 곧 그리스도라." 바울은 예수를 보면서 한 가지 사실을 깨달았다. 그것은 아브라함의 자손에 대한 약속, 즉 이스라엘에 대한 약속이 놀랍게도 예수를 통해서 이루어졌다는 사실이다. 구약 언약이 이스라엘 자손들의 회복을 통해서 이루어지리라 기대했지만 실제로는 단 한 명의 진정한 아브라함의 후손, 즉 진정한 이스라엘이신 예수를 통해서 이 약속이 이루어지게 되었다는 사실이 바울 신학의 근간을 이룬다.[25] 바울은 이 사실을 갈라디아서 3:16에서 '아브라함의 자손이 여럿이 아니라 오직 한 사람 그리스도'

---

pp. 153-192; Dan G. McCartney and Peter Enns, "Matthew and Hosea: A Response to John Sailhamer", *WTJ* 63 (2001): pp. 97-105; Kangtaek Lee, *Matthew's Vision of the Old and New in Jesus: Social World of the Matthean Community vis-à-vis Matthew's Understanding of Torah*, Ph.D. Dissertation, Westminster Theological Seminary, 2011.

[25] 더글러스 무는 그의 갈라디아서 주석에서 피터 엔스의 크리스토텔릭 구약 읽기가 바울에게 설득력 있다는 사실을 인정하며 이렇게 말한다. "바울의 구약 읽기 방식은 구약의 원래 문맥 속에서 이해되던 것과는 아무런 상관이 없는 방식이었다"(Enns, *Inspiration and Incarnation*, p. 137). Douglas Moo, *Galatians: Baker Exegetical Commentary on the New Testament* (Grand Rapids: Baker Academic, 2013), p. 231에서 재인용.『BECNT 갈라디아서』(부흥과개혁사).

라고 말했다. 요한도 기본적으로 같은 이야기를 이사야 5장이 생각나는 방식으로 기록한다. 바울, 요한 등 유대인 출신으로서 예수의 첫 번째 제자가 된 이들은 이사야를 비롯한 다른 선지자들의 글을 통해서 하나님이 이스라엘(아브라함의 자손들)을 회복하시리라 기대하고 있었다. 그런데 이 첫 번째 제자들이 부활하신 예수를 보았을 때, 그들은 한 가지 흔들릴 수 없는 확신에 거하게 되었다. 하나님은 처음부터 아브라함 안에서 이스라엘을 부르실 때 토라에 대한 반역을 통해 실패할 이스라엘이 아니라 진정한/유일한 이스라엘인 예수를 생각하고 계셨다는 것이다. 즉, 이스라엘(아브라함의 모든 후손)이 하나님을 배반하고 패역한 일을 일삼을 때에도 이스라엘의 회복을 말씀하셨던 하나님은 역사의 마지막에 보내실 진정한 이스라엘(아브라함의 유일한 후손)을 통해서 새로운 창조 세계를 생각하고 계셨다. 그것이 하나님이 만세 전부터 가지고 계신 계획이었다(참조. 엡 1-2장). 참포도나무(진정한 이스라엘/예수)를 통해서 하나님의 완벽한 이스라엘, 즉 하나님의 새로운 백성을 새롭게 창조하실 계획을 가지고 계셨다(참조. 요 1:1-17). 바로 그것이 바울과 요한이 깨닫고 바라보았던 복음의 내용이다. 예수께서는 바로 그런 의미로 "나는 참포도나무요 내 아버지는 농부"라는 말씀을 하셨다.

열매: 복음 전도/선교 & 전인격적 변화

여기서 주석적으로 중요한 것은 먼저 '예수께 붙어 있다'는 말의 의미다. 4절을 보면 예수께서는 포도나무인 '예수께 붙어 있는 것'을 '내 안에 거한다'는 말로 설명하신다. 그러니까 '포도나무에 붙어 있다' 혹은 '내 안에 거한다'는 말은 일단 문맥 속에서 동일한 개념이다. 6절을 이 관점에서 보면 '내 안에 거한다'는 개념이 더욱 명확해진다. "사람이 내 안에 거하지 아니하면 가지처럼 밖에 버려져 마르나니 사람들이 그것을 모아다가 불에 던져 사르느니라." 2절과 6절에서 이야기하는 대로 예수 안에 거하지 않거나 열매가 없는 가지는 '제거해 버리거나' '밖에 버려 불에 사른다.' 밖에 버려 불에 사른다는 표현은 분명하게 종말론적 심판을 의미한다. '예수께 붙어 있다' 혹은 '예수 안에 거한다'는 표현은 요한복음 전체의 관점에서 생각할 필요가 있다. 요한복음 3:16과 20:31에서는 참포도나무이신 예수께 붙어 있을 수 있는 유일한 방법이 믿음이라고 규정한다. 분명 참포도나무(진정한 이스라엘)이신 예수께 붙어 있는 것/예수 안에 거하는 것은 우리의 믿음을 통해서 우리가 예수와 하나가 되어 연합하는 것을 이야기하는 말이다. 이렇게 이야기하면 이런 가설적 질문도 가능할 것이다. "2절을 보자. 믿음을 통해 포도나무이신 예수께 붙어 있는데도 열매를 맺지 않는 사람이 있을 수 있다는 말인가? 예수께 붙어 있는데 열매 맺지 않는 것이 가능한가? 그런 사람은 최후의 심판을 받는다고 말할 수 있는가? 그렇다면 이를 예수께 믿음으로 고백하는데도 구원받지 못할 성도들이 있다는 말로 이해할 수 있는가?"

일단 이 이야기가 예수의 말씀임을 주지해야 한다. 예수의 말씀은 오늘날 독자들에게 매우 당혹스럽게 들릴 수 있다. 교회 안의 성도들이 이른바 구원파식 복음에 매우 익숙해져 있기 때문이다. 믿기만 하면 된다는 믿음 지상주의가 교회 안에 만연해 있다. 이런 구원파식 믿음은 믿고 난 후에 성도가 세상에서 어떤 모습으로 사는지,

형제자매들과의 관계에서 그들의 믿음이 어떤 모습으로 표현되는지, 계속해서 들리는 하나님의 말씀에 그들이 어떻게 반응하는지와 상관없이 그들이 믿기 때문에 구원받았다고 생각하게 한다. 이를 '믿음 지상주의'라고도 부를 수 있다. 기독교의 복음과 구원을 이렇게 규정하고 오해하는 이들이 적지 않은 것 같다. 입술로 예수를 믿는다고 고백하는 사람들은 당연히 자신이 예수 안에 거한다고 생각한다. 그래서 당연히 예수께서 베푸시는 새 시대의 구원에 참여하리라고 생각한다. 물론 예수를 구주라고 고백하고 믿는 것은 매우 귀한 일이다. 그러나 예수께서 하신 말씀에 비추어 보면, 믿음의 고백은 반드시 삶의 열매를 통해서 확인되어야 한다. 육신적 이스라엘은 농부이신 아버지가 기대하는 열매는 맺지 않은 채 자신들이 틀림없이 하나님의 백성이라고 착각했다. 예수의 말씀은 열매를 맺지 않은 채 믿기만 하면 된다고 생각하는 믿음 지상주의자들을 향한 날카로운 가르침이다. 예수께서는 열매 맺지 않는 자들은 최후의 심판 앞에서 심판하는 불을 피할 수 없다고 분명하게 말씀하신다. 이것은 또한 산상수훈에서 예수께서 하셨던 말씀과 정확하게 맥락을 같이한다. "나더러 주여 주여 하는 자마다 천국에 들어갈 것이 아니요. 다만 하늘에 계신 내 아버지의 뜻대로 행하는 자라야 들어가리라"(마 7:21). 예수를 믿는다고 고백하는 믿음의 고백은 분명 매우 소중하고 귀한 일이나, 기독교에서 이야기하는 진정한 복음은 그게 다가 아니다. 우리가 진정으로 믿는다면 그 믿음이 열매를 통해 드러나야 한다. 야고보서 2장에서도 동일한 복음을 이야기한다.

한 가지 더 고찰할 것은 '열매'의 주석적 의미다. 이때 문맥을 생각해 보는 것이 효과적이다. 예수께서는 지금 제자들에게 고별설교를 하고 계신다. 첫 번째 고별설교의 핵심을 생각해 보자. 예수께서는 자기를 믿고 성전에서 하나님과 교제를 누리는 자가 어떤 일을 할 것인지 말씀하셨다. 그분께서는 "나를 믿는 자는 내가 하는 일을 그도 할 것이요. 또한 그보다 큰 일도 하리니"라고 말씀하셨다 (요 14:12). 예수를 믿는 사람은 예수 자신이 하는 일을 할 뿐만 아니라 그보다 더 큰 일도 할 것이라는 이 말씀의 문맥 속에서, 예수께서는 참포도나무이신 자신에게 믿음으로 붙어 있는 제자들이 맺게 될 열매를 언급하시며 복음 전도와 선교의 열매를 말씀하신 게 틀림없다.[26] 성령이 오시면 이제 세상 곳곳에 있는 수많은 제자에게 예수께서 가르치셨던 내용이 생각나게 하실 것이다. 이러한 성령의 사역을 통해서 제자들은 예수께서 이 땅에 계셨을 때 감당하셨던 하나님 나라의 복음 사역을 감당할 수 있게 된다. 예수께서는 그것을 더 큰 일이라고 부르셨고, 자신 안에 거할 때 맺는 열매라고 생각하고 계셨다. 또한 예수의 가르침과 말씀이 생각나게 하시는 성령의 사역을 통해서 제자들은 예수 안에 거하며 교제한다. 이 생명의 교제 속에서 제자들은 예수를 더욱 사랑하지 않을 수 없으며, 생명의 주인이신 예수께서 주신 말씀을 귀하게 생각하고 지킨다(14:21). 예수께서는 분명 말씀을 통한 제자들의 변화 및 제자들을 통해서 일어날 또 다른 복음의 변화를 열매라고 생각하고 계셨다. 이사야 5장에서도 원래 포도나무였던 이스라엘에게 요구된 열매는 바로 정의와 공의를 행하

---

[26] 크루즈, 『요한복음』, p. 473.

는 의로운 삶이었다.[27] 이런 점에서 열매란 복음 전도/선교 및 제자들 내면의 인격적 변화 둘 다를 이야기한다. 4절에서 말하는 것처럼 예수 안에 거하지 않는 사람, 즉 믿음으로 예수와 진정 하나가 되지 못한 사람은 하나님이 기대하시는 열매를 맺지 못한다. 예수를 불신하는 사람이나 형식적 믿음만 가진 사람, 즉 말로만 예수를 구주라고 고백하는 사람은 예수께서 기대하시는 이런 열매를 맺을 수 없다. 이들은 밖에 버려지고 불에 던져진다. 이 말은 하나님의 종말론적 심판을 상징한다. 그렇다면 반대로 아버지께서는 열매 맺는 가지를 어떻게 하신다고 말씀하시는가? 아버지께서는 열매 맺는 가지를 깨끗하게 하여 열매를 더 맺을 수 있게 하신다. 이는 일반 농사나 포도 농사에서 열매를 더 맺을 수 있도록 잔가지를 가지치기하는 일을 일컫는 말일 것이다.

열매 맺는 삶의 조건: 내 계명을 지키라

이렇게 열매를 맺는 삶의 조건은 예수 안에 거하는 것이다. 그런데 9절에서 예수께서는 당신 안에 거한다는 개념을 또 다른 표현으로 말씀하신다. 9절에서는 '예수 안에 거한다'는 개념을 예수의 사랑 안에 거하는 것이라고 표현한다. 예수 안에 거하는 것은 곧 예수의 사랑 안에 거하는 것이다. 그렇다면 우리는 어떻게 예수의 사랑 안에 거할 수 있는가? 10절에서는 그 방법을 구체적으로 설명한다. "내가 아버지의 계명을 지켜 그의 사랑 안에 거하는 것같이 너희도 내 계

---

[27] 같은 곳.

명을 지키면 내 사랑 안에 거하리라." 예수께서 하나님의 사랑 안에 거하는 방법은 하나님 아버지의 계명을 지키는 것이다. 마찬가지로 우리가 예수의 사랑 안에 거할 수 있는 구체적인 방법도 예수의 계명을 지키는 것이다. 다시 말해, 우리가 예수 안에 거하고 예수의 사랑 안에 거하는 구체적인 방법은 예수께서 가르쳐 주신 계명을 지키는 것이다. 그 계명을 지키기 위해서는 예수의 계명이 무엇인지 제대로 아는 일이 선행되어야 한다.

12절에서는 예수의 계명이 무엇인지 설명한다. "내 계명은…너희도 서로 사랑하라 하는 이것이니라." 우리는 예수의 말씀을 두 가지 측면에서 생각할 필요가 있다. 먼저, 예수께서 사랑을 당신 계명의 핵심이라고 말씀하신 것으로 이해해야 한다. 아마도 지금 예수의 말씀은 누가복음 10:27과 궤를 같이한다고 볼 수 있을 것이다. 누가복음에 등장하는 율법사는 하나님의 율법의 계명을 하나님 사랑과 이웃 사랑이라는 개념으로 요약했다. 예수께서는 연이어 '그의 요약이 옳다'고 직접 인정해 주셨다. 예수께서 말씀하신 계명의 핵심이 사랑, 즉 하나님 사랑과 이웃 사랑이라는 말이다. 이에 더해서, 우리는 지금 예수의 이 말씀을 구체적 문맥 속에서도 생각해 보아야 한다. 예수께서는 "너희도 서로 사랑하라"고 말씀하셨다. 이는 일차적으로 고별설교를 듣고 있었던 첫 번째 제자들을 향한 말씀이다. 사실 예수께서 이 말씀을 하셨다는 사실 자체가 제자들이 서로 사랑하지 못하고 있었다는 사실을 암시한다. 사랑하고 있다면 굳이 '서로 사랑하라'는 말씀을 들을 이유가 없다. 제자들은 서로 사랑하지 못했다. 예수 자신은 내일이면 십자가에 달려야 하는데 제자들은 서로 나뉘어 다투고 있었다. 그래서 예수께서는 그분 계명의 핵심이 사랑임을 말씀하심으로써 제자들이 실패하고 있는 뼈아픈 지점을 건드리셨다.

중요한 질문이 이어진다. 제자들은 왜 '서로 사랑하라'는 예수의 말씀을 들어야 할 만큼 서로를 사랑하지 못했는가? 그들이 예루살렘으로 올라오면서 무엇을 가지고 다투었는지를 생각해 보면 명확해진다(참조. 막 8-10장).[28] 그들은 똑같은 것을 매우 세상적인 방식으로 욕망하고 있었다. 서로 욕망하는 것이 다르면 다툴 일이 없다. 제자들은 정확하게 같은 종류를 탐했다. 자신들이 생각하는 대로 예수께서 왕이 되시면 자신들이 예수의 최측근이 되어서 그분과 함께 가장 큰 영광을 누리기 원했다(참조. 막 10:35-41).[29] 한 사람만 그랬다면 서로 싸울 필요가 없었을 것이다. 그런데 마가복음을 보면 제자들은 한 사람도 예외 없이 모두가 같은 것을 탐하고 있었음을 알 수 있다. 세베대의 아들 야고보와 요한의 청탁 내용을 알게 된 제자들은 그들에게 불같이 화를 냈다(막 10:41). 똑같은 것을 탐했기에 서로 싸운 것이다. 요한복음 13-16장에서는 예수의 1, 2차 고별설교를 다루고 있다. 그래서 우리는 고별설교를 듣고 있는 제자들의 심리 상태나 그들의 관계를 망각하기 쉽다. 예수의 마지막 설교를 듣고 있는 제자들의 모습이 그려지는가? 예수께서는 그들을 실상 그분 안에서 새로운 창조의 피조물로, 새로운 형제 관계로 부르셨는데, 그들 사이를 보면

---

[28] Ernest Best, *Following Jesus: Discipleship in the Gospel of Mark* (Sheffield: JSOT Press, 1981).

[29] Ernest Best, *Disciples and Discipleship: Studies in the Gospel according to Mark* (Edinburgh: T. & T. Clark, 1986), p. 10.

형제는커녕 원수도 이런 원수가 없다. 왜 이런 일이 벌어졌는가? 그들 모두가 고별설교를 듣고 있는 상황 속에서도 정확하게 같은 세상적 영광을 세상적 방식으로 탐하고 있었기 때문이다. 언젠가는 썩을 세상적 영광에 눈이 멀어 사랑해야 할 형제를 제쳐 두고 자신이 그 썩을 영광을 독점하려고 했기 때문이다. 그러니 싸우지 않을 수 없었다. 예수께서는 그런 제자들의 모습을 있는 그대로 보고 계셨고, 십자가를 지시기 전날 밤 마지막으로 제자들을 불러 모아 예수 안에 거하는 것이 무엇인지 그 핵심을 가르치셨다. 예수 안에 거하는 일은 곧 예수의 계명을 지키는 일이다. 그리고 제자들이 기억해야 할 예수의 계명은 '서로 사랑하라'다. 예수께서는 내일 십자가를 지셔야 한다. 그런데 제자들은 그 전날 밤까지도 서로 사랑하지 않았다. 여전히 예수 안에 거하지 않은 것이다. 입으로는 "주는 그리스도시요 살아 계신 하나님의 아들"이라고 고백하지만 그들은 모두 예수의 사랑 안에 거하지 못했다. 결국 몸으로는 예수와 가장 가까이 있었지만 역설적으로 예수 안에 거하고 있지 못했다. 그 사실은 분명 지금, 십자가 전날 밤 예수의 마음을 안타깝게 했다.

제자들이 서로 다투며 나뉘어 있다는 사실 자체도 안타깝지만, 예수께서 떠나시면 그분의 사역을 담당해야 할 사람들이 이 제자들이라는 점이야말로 심각한 문제다. 앞서 언급한 대로, 예수께서 이 세상에서 성취하실 사역은 새로운 성전으로 함께 만들어져 가는 새 창조의 사역이다(요 1:1-17). 제자들에게 맡기실 사역도 다르지 않다. 예수께서는 당신 안에서 멸망하지 않을 새로운 이스라엘/새로운 인류를 믿음으로 만들어 내시려는 광대한 계획을 이루기 위해서 오셨고 이제 내일이면 그 일이 절정에 다다른다(3:16). 그런데 예수께서 떠나시면 그 사역을 감당해야 할 제자들은 정작 예수께서 맡기실 일이 무엇인지 가늠하지도 못하고 있다. 그저 자신들의 탐욕에 붙들려 다투고 나뉘어 있었다. 그래서 예수께서는 인내하시면서 제자들에게 다시 그 일을 말씀하신다. 성령께서 나중에 제자들에게 이 말씀이 생각나게 하시리라 기대하며 가르치시는 것이다. 예수께서는 말로는 서로 형제라 부르지만 실상은 자신들의 욕심에 눈이 멀어서 서로를 소외시키는 제자들을 샬롬과 사랑의 관계 안으로 회복시키기 원하셨다.

예견된 고난과 박해

예수께서는 헛된 영광을 추구하고 있던 제자들에게 실제로 그들을 기다리는 현실이 무엇인지 밝히신다(15:18-20). 제자들은 세상에서 미움을 받을 것이다. 세상이 예수를 박해한 것처럼 제자들도 박해하리라는 것이다. 예수께서는 당신이 떠나시고 난 후에 제자들이 박해를 받으리라는 사실을 미리 분명하게 가르쳐 주신다. 지금 본문에서 예수의 논지는, '너희들이 열매 맺는 삶을 살아갈 때 세상으로부터 박해당하는 것을 전혀 이상하게 여기지 말라'는 것이다. 세상은 제자들보다 앞서서 먼저 예수를 미워했기 때문이다. 제자들이 세상에 속했다면 당연히 세상이 그들을 사랑하겠지만 제자들은 세상에 속하지 않고 도리어 세상 속에서 예수의 택하심을 받아 예수의 것이 되었기 때문에 세상이 제자들을 미워하는 것은 너무도 당연하다는 말이다. 요한복음에서 세상이라는 말의 의미는 일차적으로 유대 권력자들과 그들을 추종하는 유대인들을 가리키는 표현이다. 예수에게 속한 제자들은 세상 속에서 필연적으로 예수를 증언하는 삶을 살게 될 것이다. 진리의 성령께서 오셔서 예수를 증언하시리라고 말씀하시면서 제자들도 세상 속에서 예수를 증언하리라고 말씀하시는 것이다(26-27절). 즉, 예수께서는 제자들의 역할을 증인으로 규정하신다. 예수의 최측근으로서 모든 것을 처음부터 보고 들은 제자들이, 예수께서 행하신 놀라운 새 창조의 복음을 세상 가운데 증언하는 증인 역할을 감당한다. 고별설교의 전체 문맥 속에서도 이 사실이 드러나긴 하지만, 예수께서는 특별히 여기서 제자들이 받을 박해가 제자들이 감당할 증언과 연관되어 있음을 분명히 밝히신다. 제자들은 그냥 박해를 받는 게 아니다. 예수께서 친히 행하신 하나님 나라의 일을 세상 속에서 증언하는 역할을 감당하기 때문에 박해를 경험한다. 세상은 예수를 미워하기 때문에 예수께서 하신 일을 세상 속에서 증언하는 제자들을 미워하며, 그러므로 제자들은 박해를 받는다.

결론

제1고별설교에서 예수께서는 무형의 성전을 짓기 위해서 십자가의 길을 걸어가신다(2:19-22). 요한복음에서, 특별히 고별설교에서 성전은 예수의 십자가 고난 없이는 만들어질 수 없다. 예수께서는 기독교 구원의 개념을 성전이신 예수 안에서 하나님과 교제하는 것으로 묘사하신다(14:7). 그리고 이렇게 자신을 믿는 자, 즉 성전에서 하나님과 교제를 누리는 자가 어떤 일을 할지 말씀하신다. 예수께서는 자신을 믿는 자는 자신이 하는 일을 할 것이며 그보다 큰 일도 하리라고 말씀하신다(14:14). 이는 예수께서 가시기 때문에 가능하다. 예수께서 가시고 친히 성령을 보내 주시기 때문에 가능하다(14:16-18). 팔레스타인만이 아니라 제자들이 살아가는 모든 곳에서 하나님 나라의 복음을 증거하며 생명을 만들어 내는 사역, 즉 성전을 세우는 사역을 감당할 수 있게 된다. 예수께서는 이것이 기도를 통해서 가능해지리라고 말씀하시며 제자들의 사역이 예수의 사역과 분리될 수 없음을 분명히 하셨다.

제2고별설교에 등장하는 포도나무와 가지 비유는 제1고별설교를 비유로 다시 한번 설명하신 것이라고 이해할 수 있다. 포도나무와 가지 비유를 통해서 예수께서는 제1고별설교의 핵심이 열매 맺는 삶이라고 설명하신다. 열매 맺는 삶의 조건은 참이스라엘이신 예수 안에 거하는 것이고 예수의 사랑 안에 거하는 것이다. 예수의 사랑 안에 거하는 구체적인 방법은 예수의 계명을 지키는 것이다. 예수는 그 계명을 '사랑'이라는 말로 요약하셨다. 제자들이 '서로 사랑하라'는 예수의 계명을 잘 지킬 때 비로소 그들은 하나님이 기대하시는 사역(선교와 전도)의 열매와 인격 변화의 열매를 온전히 맺을 것이다. 그런데 '서로 사랑하라'는 예수의 말씀은 당시 제자들의 상황에서는 뼈를 때리는 말씀이었다. 정작 그들은 십자가 고난의 삶이 아니라 세상의 방식, 즉 헛된 영광을 추구하며 서로 사랑하지 않고 있었기 때문이다. 예수는 제자들이 증인의 사역을 감당할 때 세상으로부터 고난과 박해를 받게 되리라 말씀하신다. 이것은 논리적으로 매우 당연한 결과다. 세상은 먼저 예수를 미워했다. 그 예수를 세상 가운데 증언해야 할 제자들은 당연히 세상으로부터 미움을 받고 박해받기를 각오해야 한다.

제1고별설교에서 예수께서는 자신의 사역을 성전을 지으시는 것으로 이해하신다. 그 성전을 짓기 위해 예수께서는 십자가의 고난을 감당하셔야 했다. 십자가의 고난 없이 성전은 지어질 수 없기 때문이다. 제2고별설교에서 예수께서는 이 이야기를 참포도나무이신 자신과 연합되는 것으로 설명하신다. 참포도나무/참이스라엘과 연합한 자는 '사랑하라'는 그분의 계명에 머물러 있음으로써 열매를 맺는다. 예수를 세상 가운데 증언하는 제자들은 예수처럼 세상으로부터 당하는 미움과 박해를 피할 수 없다. 성전을 세우고 성전을 확장해 가는 선교 사역은 고난과 박해 없이 이루어질 수 없다. 예수의 고별설교는 성전을 세운다는 기독교의 사명을 분명히 고난과 박해라는 관점에서 설명하는데, 오늘날 기독교는 이 중요한 원리를 망각하고 승리주의에 매몰되어 있다. "십자가 없이는 면류관도 없다"(No Cross, No Crown)는 말이 어느 때보다 절실하게 다가온다.

참고문헌

Beasley-Murray, George. *John*. Word Biblical Commentary 36. Waco: Word Wooks, 1987. 『요한복음』(솔로몬).

Best, Ernest. *Following Jesus: Discipleship in the Gospel of Mark*. Sheffield: JSOT Press, 1981.

_____. *Disciples and Discipleship: Studies in the Gospel according to Mark*. Edinburgh: T. & T. Clark, 1986.

Dodd, C. H. *The Interpretation of the Fourth Gospel*. New York: Cambridge University Press, 1953.

Enns, Peter. "Apostolic Hermeneutics and an Evangelical Doctrine of Scripture: Moving Beyond a Modernist Impasse." *Westminster Theological Journal* 65 (2003): pp. 263-287.

_____. *Inspiration and Incarnation: Evangelicals and the Problem of the Old Testament*. Grand Rapids: Baker Academic, 2005. 『성육신의 관점에서 본 성경 영감설』(기독교문서선교회).

Gundry, Robert H. "In My Father's House Are Many Monai." *Zeitschrift für die neutestamentliche Wissenschaft* 58 (1967): pp. 68-72.

Kerr, A. R. *The Temple of Jesus' Body: The Temple Theme in the Gospel of John*. London: Continuum International Publishing Group, 2002.

Köstenberger, Andreas J. *The Missions of Jesus and the Disciples according to the Fourth Gospel*. Grand Rapids: Wm. B. Eerdmans Publishing Co., 1998.

_____. "John." *Commentary on the New Testament Use of the Old Testament*, ed. G. K. Beale and D. A. Carson. Grand Rapids: Baker Academic, 2007. 『누가·요한복음』(기독교문서선교회).

Kwon, H. S. "Jesus as High Priest in John 17: A Critical reassessment of an Old Interpretation." PhD Dissertation, Bristol: The University of Bristol/Trinity

College, 2012.

Lee, Kangtaek. *Matthew's Vision of the Old and New in Jesus: Social World of the Matthean Community vis-à-vis Matthew's Understanding of Torah*. Ph.D. Dissertation, Westminster Theological Seminary, 2011.

McCartney, Dan G., and Peter Enns. "Matthew and Hosea: A Response to John Sailhamer." *Westminster Theological Journal* 63 (2001): pp. 97-105.

Moo, Douglas. *Galatians: Baker Exegetical Commentary on the New Testament*. Grand Rapids: Baker Academic, 2013. 『BECNT 갈라디아서』(부흥과개혁사).

Morris, Leon. *The Gospel according to John*. Grand Rapids: Wm. B. Eerdmans Publishing Co., 1971. 『요한복음 (하)』(생명의말씀사).

Talbert, Charles H. *Reading John: A Literary and Theological Commentary on the Fourth Gospel and the Johannine Epistles*. New York: The Crossroad Publishing Company, 1994.

권해생. "요한복음 20:19-23에 나타난 예수의 성전건축과 메시야 직분." 「신약연구」 12(2013): pp. 214-239.

_____. "성전신학의 관점으로 본 요한복음의 선교 사상." 「신약연구」 14(2015): pp. 458-482.

_____. 『요한복음』. 서울: 대한예수교장로회 총회출판국, 2016.

브라운, 레이몬드 E. 『앵커바이블 요한복음 II』. 최흥진 옮김. 서울: 기독교문서선교회, 2013.

이강택. "이스라엘의 언약이야기의 관점에서 본 마태복음의 율법." 「Canon & Culture」 6(2012): pp. 153-192.

크루즈, 콜린 G. 『요한복음』. 배용덕 옮김. 서울: 기독교문서선교회, 2013.

3장

그리스도의 고난, 가난, 연약함에 참여하는 사람들

고린도후서에 나타난 고난과 하나님의 선교

정성국

서론: 선교적 해석학의 관심사

이 글에서는 선교적 관점에서 고린도후서에 나타난 고난이라는 주제를 살펴보려 한다. 그동안 선교적 해석학에서는 '하나님의 선교'가 성경 내러티브 전체의 핵심적 플롯이요 세계관적 패러다임이라는 점을 강조해 왔다.[1] 이 과정에서 선교적 해석학이 성경 본문에서 주목한 것은 크게 두 가지였다. 첫째는 세상을 회복하시기 위해 친히 일하시는 삼위 하나님의 성품과 사역, 둘째는 바로 그 하나님의 선교에 동참하도록 부름받고 보냄받은 교회의 정체성과 삶의 방식이다.[2] 죄의 통치가 인간과 인간 사회, 인간의 문화 속에 구체적으로 나타나듯이, 하나님의 회복과 구원도 특정 맥락 속에서 구체적 모습으로 나타난다. 특정 맥락으로 보냄받은 사람들이 예수 그리스도의 복음을 통해 어떻게 하나님의 구원을 살아 내고 선포할 수 있느냐는 질문은 시대를 초월한 모든 그리스도인 공동체의 질문이다.[3] 고난이라

---

1 조지 헌스버거(George Hunsberger)는 선교적 해석학의 흐름을 크게 네 가지로 정리했다. (1) 성경 이야기 속의 선교적 방향성 찾기, (2) 성경 기록의 선교적 목적 찾기, (3) 특정 문화 속에서 성경적 전통을 따르는 방식 찾기, (4) 우리 시대 독자들이 보냄받은 선교적 자리 읽어 내기. George R. Hunsberger, "Mapping the Missional Hermeneutics Conversation", in *Reading the Bible Missionally*, ed. Michael W. Goheen (Grand Rapids: Wm. B. Eerdmans Publishing Co., 2016), pp. 45-67.

2 크리스토퍼 라이트의 책들은 선교적 해석학의 기본적 방향을 제시한 저서로 인정받는다. 크리스토퍼 라이트, 『하나님의 선교』, 정옥배·한화룡 옮김(서울: IVP, 2010); 『하나님 백성의 선교』, 한화룡 옮김(서울: IVP, 2012).

3 제임스 브라운슨(James V. Brownson)은 복음 안에서 일어나는 성경과 문화적 콘텍스트 사이의 대화에 집중하는 선교적 해석학을 제시했다. James V. Brownson, *Speaking the Truth in Love: New Testament Resources for a Missional Hermeneutic* (Harrisburg, PA: Trinity Press International, 1998).

는 주제에 주목하는 것은 고난의 때야말로 각자의 세계관과 가치관, 삶의 동기와 목적이 선명하게 드러나는 시간이기 때문이다. 그런 점에서 하나님도 성도의 고난을 사용하시지 않을 수 없다. 선교적 관점에서 고난이라는 주제를 살펴보는 것이 의의가 있는 이유다.

고린도후서의 고난과 하나님의 선교

그렇다면 왜 고린도후서인가? 다음의 세 가지에 주목해 보자.

첫째, 고린도후서는 바울의 다른 어떤 서신보다 고난이라는 주제를 비중 있게 다룬다. 이 서신은 바울이 당한 고난, 역경, 연약함에 많은 분량을 할애한다. 세 번에 걸쳐 소개되는 바울의 역경 목록(고후 4:8-9; 6:3-10; 11:23-29)과 '육체의 가시'(12:7)에 대한 바울의 언급은 많은 독자에게 고린도후서의 인상을 보여 주는 주요 본문이다. 재미있는 것은 바울의 고난과 연약함, 성도들의 경제적 고통이 줄곧 '그리스도의 고난'(1:5), '그리스도의 가난'(8:9), '그리스도의 연약함'(13:4)이라는 주제 속에서 다루어진다는 점이다. 고린도후서에서 그리스도는 고난받으신 분이요, 자신의 고난을 통해서 하나님의 선교를 성취하신 분이다. 나아가 바울과 성도들은 바로 그 고난받으신 그리스도를 따르는 이들로 묘사된다.[4] 이렇게 고린도후서 안에서는 고난, 하나님의 선교, 하나님의 선교를 위해 보냄받은 사람들이 밀접하게 연

---

4   그리스도의 고난, 가난, 연약함과 그를 따르는 바울의 모습은 고린도후서를 1-7장, 8-9장, 10-13장으로 구분할 때 각 단락의 주요 주제를 형성하기도 한다.

관되어 있다.

둘째, 고린도후서는 그리스도의 고난을 삼위 하나님의 선교라는 문맥 속에서 해석한다. 그리스도의 고난을 통한 하나님의 새 창조와 화해 사역을 설명하는 고린도후서 5:14-21은 이 편지에서 하나님의 선교를 가장 분명하게 제시하는 본문이다. 바울은 하나님의 화해 사역을 설명하면서 "하나님께서 '그리스도 안에' 계시사 세상을 자신에게로 화해시키셨다"(5:19)고 말한다. "하나님이 그리스도 안에 계셨다"라는 표현은 아버지 하나님과 아들 하나님이 이 화해 사역에서 하나가 되어 일하셨다는 점을 확인해 준다. 유사한 방식으로 바울은 그리스도와 성령의 사역적 연합에 대해서도 언급한다. 그는 하나님의 선교 이야기 속에서 모세와 옛 언약의 역할을 제대로 해석하기 위해서는 그리스도에게로 돌아가야 한다고 주장하면서 "주는 곧 영이시다"(3:17)라고 선언한다. 이는 그리스도와 성령께서 하나님의 선교적 목적을 계시하시는 데서 기능적 일치를 이루셨음을 말해 주는 독특한 구절이다.[5] 나아가, 바울은 "그리스도는 하나님의 형상이다"(4:4)라고 선언한다. 하나님의 선교적 마음과 성품, 목적과 계획이 그리스도를 통해 선명하게 나타나게 되었음을 '하나님의 형상'이라는 비유에 담아 표현한 것이다. 아버지, 아들, 성령의 이름을 모두 언급하는 이 편지의 마지막 구절(13:13)의 관점에서 고린도후서를 거꾸로 읽어 보면, 우리는 성령의 코이노니아를 통해 그리스도의 고난 속

---

[5] 고린도후서 3장, 특히 3:17에 대한 설명을 다음 책에서 확인할 수 있다. 정성국, 『고린도후서 어떻게 읽을 것인가』(서울: 성서유니온선교회, 2020).

에서 함께 고통당하시며 세상을 회복하시는 하나님의 은혜와 사랑을 읽어 낼 수 있다.

셋째, 고린도후서 자체가 선교적 공동체의 형성을 기록 목적으로 삼고 있다. 고린도후서가 바울 자신의 사도성에 대한 변증과 개인적 자료를 많이 포함하고 있다는 이유로 바울의 독자들은 이 편지가 바울의 편지 가운데 가장 '개인적인 편지'라는 점을 강조해 왔다. 그러나 정작 바울 자신은 고린도후서의 기록 목적이 교회를 세우기 위함이라고 밝힌다. "너희는 이때까지 우리가 자기 변명을 하는 줄로 생각하는구나. 우리는 그리스도 안에서 하나님 앞에 말하노라. 사랑하는 자들아, 이 모든 것은 너희를 세우기 위함이니라"(12:19; 참조. 13:10). 바울이 자신의 사도성을 변증하고 개인의 고난과 연약함에 대해 말하는 이유도 고린도교회 회중을 선교적 공동체로 재형성하기 위함이라는 말이다. 이런 점에서 고린도후서는 하나님의 선교에 대해서 말하고 있을 뿐만 아니라 그 자체가 하나님의 선교를 위한 도구다. 고린도와 로마 제국의 지배 내러티브에 잠식당한 나머지 하나님의 선교 속에서 부름받고 보냄받은 사람이라는 정체성을 잃어버린 이들에게 바울은 그들이 근본적으로 "그리스도의 편지"(3:3)라는 점을 상기시키고 그 정체성에 부합하는 구별된 삶의 방식을 요청한다.[6]

이 세 가지는 고린도후서를 중심으로 하나님의 선교와 고난의 상관성을 고찰하는 출발점을 제공하기에 충분하다.

---

[6] 고린도후서 12:20 이하에서 바울이 기대하는 공동체의 모습에 대한 구체적 지침들을 보라. 무엇보다 바울은 고린도전서에서부터 다루어 온 교회 내부의 문제들을 조속히 청산하라고 명령한다.

고린도후서의 고난이 지니는 선교적 의의

먼저 바울이 고난, 고통, 연약함이라는 주제를 서신에서 중요하게 다룬 배경을 이해할 필요가 있다. 고린도전서에서부터 우리는 고린도 교회 회중 가운데 바울을 반대하는 이들을 만난다. 당시의 사회 구조 및 문화적 배경을 종합해 볼 때, 바울을 반대한 이들의 눈에 바울은 고린도 사회에서 요구하는 이상적 지도자의 모습을 갖추지 못했다. 외적 화려함과 수사적 기술, 종교적 권위와 사회적 명예를 갖춘 교사를 원했던 그들은 고난과 역경으로 점철된 바울의 삶을 문제 삼았다. 육체적 가시로 대변되는 바울의 연약함을 마땅치 않게 여겼다. 마침 고린도에 유입된 유대파 그리스도인 교사들은 청중이 원했던 외적 모습과 종교적 권위로 무장한 자들이었다. 그들은 한목소리로 "그리스도께서 [바울] 안에서 말씀하시는 증거"가 보이지 않는다고 공격했다(13:3). 그리고 자신들이야말로 진정한 그리스도의 종이라고 주장했다(11:22-23).

우리가 보다시피 바울의 반대자들은 그들의 세계관과 가치관에 입각하여 바울이 지닌 고난, 고통, 연약함을 '해석'했다. 고린도후서는 이에 대응하는 바울의 대안적·대조적 해석이다. 바울은 하나님의 선교 이야기 속에서 자신의 고난과 연약함을 해석한다. 여기서는 고린도후서의 주요 본문 몇 군데를 살펴보면서 그의 고난 해석을 추적하려고 한다. 이를 통해 고린도후서에 등장하는 고난이 크게 네 가지 측면, 즉 사역적 측면, 인간적 측면, 우주적 측면, 코이노니아적 측면으로 이해될 수 있음을 설명할 것이다.

고난의 사역적 측면: 그리스도께서 교회를 위해 남기신 고난

바울은 고린도후서를 '환난 중에 임한 하나님의 위로'라는 주제로 시작한다(1:3-11). 여기에서 바울은 그가 당한 환난을 "그리스도의 고난"(1:5)이라는 말로 달리 표현한다. 바울은 골로새서 1:24에서도 '그리스도의 고난'이라는 표현을 사용하며, 그 고난은 "[그리스도께서] 그의 몸 된 교회를 위하여 [사도에게 남겨 놓으신]" 것이라고 설명한다. 그리스도의 대속적 죽음이 하나님 백성의 공동체인 교회의 토대를 놓았다면, 그리스도께서 바울에게 남기신 고난은 이제 그 토대 위에 교회를 세우기 위해 사도가 감내해야 할 고난이다. 그리스도와 바울은 모두 하나님의 선교를 위해 부름받았다. 그리스도께서 시작하신 일이 이제 바울에게 이어졌고, 바울은 그리스도와 같은 목적으로 고난받는 이가 되었다. 바울은 그리스도께서 교회를 세우기 위해 사도에게 부탁하신 희생과 수고의 삶을 "그리스도의 고난이…넘치는"(1:5) 삶이라고 이해한다. 누가 진정한 그리스도의 사도인지 묻는 질문이 제기된 고린도후서의 문맥에서 볼 때, 바울은 서신 서두에서 그리스도의 목적을 공유하면서 '그리스도의 고난'을 소유한 자라야 그리스도의 종이라는 대답을 제시하는 셈이다.

바울에 의하면, 사도의 고난을 통해야 비로소 그리스도의 생명을 소유한 사람들의 공동체가 세워진다. 고린도후서 4:10-12에서는 바울의 고난이 지니는 다양한 측면을 동시에 말하는데, 우선 여기서는 사역적 측면을 살펴보자.

우리가 항상 예수의 죽음을 몸에 짊어짐은 예수의 생명이 또한 우리 몸에 나타나게 하려 함이라. 우리 살아 있는 자(ἡμεῖς οἱ ζῶντες)가 항상 예수를 위하여 죽음에 넘겨짐은 예수의 생명이 또한 우리 죽을 육체에 나타나게 하려 함이라. 그런즉 사망은 우리 안에서 역사하고 생명은 너희 안에서 역사하느니라. (고후 4:10-12)

자신이 "항상 예수의 죽으심을 짊어짐으로 예수의 생명"에도 참여하기를 원한다는 고백은 그리스도와 함께 죽고 살기를 바라는 바울 개인의 소망이다. 이 개인적 소망은 11-12절에서 교회를 위한 그의 부르심에 관한 고백으로 발전한다.[7] 바울은 먼저 "이 생명을 소유한 자(ἡμεῖς οἱ ζῶντες)는 이제 예수를 위하여 죽음에 넘겨진다"고 말한다. 개역개정에서 "우리 살아 있는 자가"라고 번역한 문구를 여기서는 "이 생명을 소유한 자는"이라고 번역했다. 즉, 10절에서 바울은 이미 그리스도의 죽음과 생명을 자신의 것으로 소유했다고 말한다. 그래서 11절에서는 그리스도와 연합하여 그 생명을 소유한 자신의 소명에 대해 말하고 있다. 10절에 없던 "예수를 위하여"라는 구절이 첨가되었음을 눈여겨보라. 예수를 위해 당하는 죽음은 교회를 위해 당하는 고난이다. 그 고난을 당하는 목적은 "예수의 생명이 우리 육체에 나타나게 하려 함"이다. 여기서 바울이 사용한 '육체'(σάρξ)는 이 세대에 몸담고 있는 인간의 삶 전체를 통칭한다. 즉, 이 땅에서의 바울의 삶은 이제 그리스도(의 몸 된 교회)를 위해 고난받음으로써 새로

---

[7] 바울이 10-11절에서 같은 말을 두 번 반복하는 게 아니다. 그는 10절에 근거하여 11절을 그의 사도적 고난에 대한 고백으로 발전시킨다.

운 생명을 타인들에게 전해 주는 삶으로 대변된다.

그래서 바울은 12절에서 "죽음은 우리 안에서 역사하고 생명은 너희 안에서 역사한다"고 말할 수 있다. 바울의 사도적 고난이 고린도 성도들 안에 새로운 생명을 낳았다는 것이다. 이어지는 15절에서 "이는 모든 것이 너희를 위함이니"라는 바울의 말도 사역이라는 같은 맥락에서 이해된다. 그리고 이는 결국 "많은 사람의 감사를 낳고 하나님의 은혜를 풍성하게 드러내어 결국에는 하나님의 영광을 나타나게 할 것이다"(4:15). 하나님의 선교에 동참한 바울이 고난을 감수해야 하는 이유는 결국 하나님의 영광이다.

고난이 그리스도의 종이 지녀야 할 마땅한 모습이라는 점은 고린도후서에서 하나님의 선교 내러티브를 가장 결정적으로 들려주는 5:14-21에서도 잘 드러난다. 이 단락은 하나님의 선교를 "새 창조"(5:17)와 "화해"(5:18-19)라는 언어로 표현한다. 그 하나님의 선교적 목적을 성취하신 수단이 바로 그리스도의 희생적 죽음, 곧 고난이었다(5:14, 21). 그래서 바울은 "그리스도의 사랑이 우리를 강권하시는 도다"(14절)라는 문장으로 이 단락을 시작한다. 여기서 그리스도는 "모든 사람을 위해 죽으신 분"(14, 15절)으로 소개되고, 바울은 바로 그 고난받으신 그리스도의 "대사"(20절)로 소개된다. 그리스도께서 먼저 자신을 위하여 죽으셨으므로 바울은 이제 다시는 자신을 위하여 살지 않고 그리스도를 위해 산다고 고백한다(15절). 나아가 그는 이제 모든 사람을 세상적 방식을 따라 대하지 않고 하나님의 선교적 목적 속에서 대하겠다고 고백한다(16절).

스스로를 "화해의 직분"(18절)을 위해 세상에 보냄받은 "그리스도의 대사"(20절)와 "하나님의 동역자"(6:1)로 소개한 바울은, 이어지는 6:3-10에서 교회를 위해 감당한 고난을 열거한다. 고린도후서의 두 번째 역경 목록에 해당하는 이 본문이 "우리가 이 직분이 비방을 받지 않게 하려고 무엇에든지 아무에게든지 거리끼지 않게 하고"로 시작하는 것을 보라(3절). 바울은 교회를 위해 많은 고난과 수고를 감당하면서, 하나님의 성령을 따라 의롭고 진실되게 사역했다고 호소한다(4-7절). 그에 대한 대가는 오히려 욕됨과 악한 이름과 보잘것없는 이름이었다(8-10절). 그럼에도 바울은 8-10절에서 자신에게 영광, 아름다운 이름, 명예가 함께 있다며 역설적인 고백을 한다. 아마 이 영광과 명예는 하나님의 선교 이야기 속에서 바울의 삶을 해석하는 이들만 인정할 수 있는 영광과 명예일 것이다.

여기서 우리는 질문하지 않을 수 없다. 교회를 세우려는 사도의 노력은 왜 고난을 수반하는가? 먼저 우리는 고난이 하나님을 대적하는 이 세대 가운데서 하나님의 목적을 위해 사는 이들의 숙명임을 예상해야 한다. 사도가 그리스도를 전하기 위해 보냄받은 곳은 진공상태가 아니다. 고린도 사회가 보여 주듯이, 그곳은 이미 각종 세계관과 가치관, 욕구와 전망의 각축장이었다. 그리스도께서도 로마 제국과 유대인 사이에서 하나님의 뜻을 이루고 선교적 소명에 헌신하시는 과정에서 죽기까지 미움과 고난을 받으셨다.[8] 그러나 우리는 다른 한편 고난의 때야말로 궁극적 가치가 무엇인지 드러낼 수

---

8   주님이 그러한 미움을 받으셨다면 그의 목적에 헌신하고 그를 따르는 종들이 같은 고난을 받는 것은 당연하지 않은가? 바울이 고린도후서에서 말하는 것처럼 진정한 사도의 표는 고난이 아닌가?

있는 복음 선포의 기회가 된다는 점에 주목한다. 하나님의 가치와 그분이 이루시려는 일들의 가치 또한 치러야 할 대가를 통해 가장 선명하게 제시된다. 그리스도는 자신의 목숨을 내려놓으심으로써 하나님의 영광을 드러내셨다. 바울도 자신의 삶을 조금도 아까워하지 않고 내어놓음으로써 그가 전하는 하나님의 가치를 드러냈다. 그런 점에서 고난은 선교에 수반되는 현상일뿐만 아니라 복음의 가치를 선포하는 선교의 수단이기도 하다.

그래서 바울은 값비싼 대가를 통해 하나님의 영광을 선명하게 드러낼 수 있는 고난의 때를 허비하지 않으려고 몸부림쳤다. 무엇보다 그는 고난으로 인해 자신이 영웅시되는 일을 피했다.[9] 자신의 고난과 수고가 교회를 세운 것이 아니었음을 바울은 선명하게 인식하고 있다. 바울은 스스로를 '보화를 담은 질그릇'이라고 소개하면서, "심히 큰 능력은 하나님께 있고 우리에게 있지 아니함"(4:7)을 분명히 밝힌다. 그가 하나님의 은혜와 능력을 온전하게 경험한 것은 오히려 육체의 가시를 소유한 채로(12:7) 자신의 연약함을 고백했을 때였다(12:9-10).[10] 그래서 바울은 자신의 능력과 강함이 아니라 연약함을 자랑했다. 이것은 자신들에게 종교적 권위와 능력이 있고 심지어는 하나님의 은혜와 능력 또한 마음대로 중재할 수 있는 것처럼 자랑했던 대

---

[9] 참조. 정성국, 『고린도후서 어떻게 읽을 것인가』, p. 340. 바울 당시의 철학자나 정치인, 전쟁 영웅도 대의를 위해 자신이 당한 고난을 소개함으로써 자신의 진정성과 위대함을 호소하곤 했다.
[10] 이것은 그리스도의 십자가에서도 드러난 진리다. 바울은 "그리스도께서 약하심으로 십자가에 못 박히셨으나 하나님의 능력으로 살아계시니"(13:4)라고 말한다. 그리스도와 그분의 종들이 당하는 고난을 통해서 목적을 성취하는 분은 바로 하나님이시다.

적자들의 주장과 그들을 선호했던 고린도인들의 기대와는 정면으로 배치된다. 교회를 위해 그리스도의 고난을 몸에 지니고 다니면서도 교회를 세우는 능력이 자신에게 있지 않음을 아는 자가 바로 그리스도의 사도다.

고난의 인간적 측면: 구원의 과정으로서의 고난, 고통, 연약함

바울의 고난 이해가 신비의 영역으로 들어가는 지점은 그가 고난을 인간됨의 일부로 수용하는 부분이다. 고린도후서에서 고난은 사역적 측면뿐 아니라 인간적 측면과 맞닿아 있다. 인간의 고난은 '고통'이라는 정서적 반응을 낳고 '연약함'이라는 처지로 이끈다. 고난과 고통으로 점철된 바울의 외적 삶은, 특히 고린도인들에게 '연약함'으로 인식되었다. 바울은 당시 철학자들에게 요구된 수사학적 기술이나 외모에서 풍기는 카리스마를 결여하고 있었을 뿐만 아니라, 오히려 육체의 가시로 대변되는 질병을 지니고 있었다. 그의 인간적 연약함은 사도로서 그가 행하는 사역의 정황 속에서 두드러지게 나타났다. 고린도인들은 바울을 '리더로 추종하기에는 너무 연약하다'고 평가했다. 바울은 고린도후서에서 그의 신체적 연약함으로 인해 발생하는 고통과 고난의 상황을 두고 깊이 있는 신학적 묵상을 제공하는데, 이 또한 하나님의 선교 내러티브 속에서 적지 않은 의의를 지닌다.

바울은 고린도후서 4:7에서 자신을 깨지기 쉬운 '질그릇'에 비유했다. 연약한 것을 부정적으로 여기는 고린도인들에게 자신의 연약함을 인정한다고 말하는 것이다. 그러나 바울은 연약함을 인정하는

데 그치지 않고 질그릇 같은 자신의 존재 속에 담긴 '보화'로 시선을 옮긴다. 앞서 우리는 '보화를 담은 질그릇'이라는 이미지를 바울의 사역적 측면에서 이해했는데, 이 표현은 인간론적 측면에서도 충분히 이해될 수 있는 이미지다. 이어지는 4:10에서 바울은 고난의 인간적 측면을 이렇게 표현한다. "우리가 항상 예수의 죽음(νέκρωσιν)을 몸에 짊어짐은 예수의 생명이 또한 우리 몸에 나타나게 하려 함이라." 개역개정에서 '죽음'이라고 번역한 헬라어 단어 '네크로스'는 죽은 상태를 가리키기도 하지만 죽어 가는 과정을 가리키기도 한다. 여기서는 후자를 택하는 것이 문맥에 더 어울린다고 생각한다. (바울이 짊어진 것이 '예수의 죽으심'이라는 점은 뒤에서 설명할 것이다.) 바울은 자신이 육체적 고난과 연약함을 지니고 있을 뿐만 아니라 실은 죽음으로 나아가는 과정에 있다고 말하고 싶은 것이다. 물론 바울이 말하려는 바는 그것이 끝이 아니라 그 죽어 감의 과정이 새로운 생명에 이르는 전체 과정의 일부라는 것이다. 바울은 이를 또 다른 표현으로 설명한다. "그러므로 우리가 낙심하지 아니하노니 우리의 겉사람은 낡아지나 우리의 속사람은 날로 새로워지도다.…우리가 주목하는 것은 보이는 것이 아니요 보이지 않는 것이니 보이는 것은 잠깐이요 보이지 않는 것은 영원함이라"(4:16, 18).

이어지는 5장에서 바울은 몸에 관하여 자신이 지닌 소망을 선명하게 피력한다. 바울은 "땅에 있는 우리의 장막 집"(1절), 즉 현재의 육신이 낡고 연약해져, 결국에는 그것을 벗은 뒤 "하나님이 지으신 하늘에 있는 영원한 집"(1절), 즉 부활의 몸을 입게 되리라고 말한다. 땅의 몸을 입고 있는 동안에는 '탄식'하며 하늘의 몸을 덧입기를 사모한다(2절). 땅의 몸이 지닌 어떤 화려함이나 강함도 결국 쇠하며, 비교할 수 없을 정도로 아름다운 하늘의 몸으로 대체될 것이다. 여기서 우리는 바울의 구원론이 지닌 한 측면을 본다. 지금 입고 있는 이 몸을 벗고 하늘의 새로운 몸을 입는 것이 구원의 과정이라는 것이다. 그렇다면 현재의 몸이 약화되는 것, 그로 인해 고통당하는 것 또한 구원의 과정이라는 이해가 자연스럽게 가능하다.[11] 바울은 자신의 연약하고 초라한 육신적 모습에 대한 공격을 수용하면서 이를 하나님이 준비하신 더 놀라운 것을 설명하는 기회로 삼는다.

바울이 소유한 고난과 구원, 육체의 죽음과 새로운 생명에 대한 이 깨달음의 근원은 어디에 있는가? 이 대목에서 우리는 다시 하나님의 선교 이야기와 만난다. 바울에 의하면, 하나님은 인간을 회복시키실 뿐만 아니라 새롭게 창조하시는 분이다. 인간의 몸 역시 회복과 새 창조의 대상이다. 그런 점에서 다시금 고린도후서 4:10을 자세히 들여다볼 필요가 있다. 바울은 자신이 "항상" 짊어지고 다니는 것이 "예수의 죽으심"이고, 이를 통해 다름 아닌 "예수의 생명"을 얻게 되리라 확신한다. 즉, 이 땅에서의 몸을 벗음으로써 죽으신 다음 새로운 생명에 들어가신 이는 다름 아닌 예수이시다.

하나님의 선교 이야기 속에서 새 창조와 화해의 사역에 대한 설명을 시작하는 고린도후서 5:14에서, 바울은 그리스도께서 인간(아

---

[11] 제임스 던 또한 인간이 아담의 육체를 벗고 그리스도의 부활의 몸을 입는 과정 전체를 구원으로 이해한다. James D. G. Dunn, *The Theology of Paul the Apostle* (Grand Rapids: Wm. B. Eerdmans Publishing Co., 1998), pp. 482-487. 『바울신학』(CH북스).

담)과 자신을 하나로 여기시고 인간의 삶에 참여하셨을 뿐만 아니라 모든 인간을 위해 죽으시고 다시 살아나셨다고 말한다. 한마디로 그리스도는 모든 인간의 대표이시다. 그리스도 한 사람이 모든 사람을 대표하여 죽으시고 다시 살아나신(5:15) 것은 이 과정을 통하여 그와 하나가 된 모든 이를 '새 창조'에 이르게 하시려는 하나님의 선교를 성취하시기 위함이었다.

자신의 육체적 연약함을 공격하는 이들을 향한 바울의 성숙한 대답을 보라. 그는 육신이 낡아 가는 과정, 곧 인간의 육신적 고통과 연약함을 이 세대에 속한 아담의 몸을 벗는 과정으로 이해한다. 그 몸을 벗고 다음 세대의 몸/생명을 누리는 것이 그의 종말적 소망이다. 그리스도께서는 우리와 마찬가지로 아담의 몸을 입고 이 세대 한가운데로 오셔서, 우리를 대표하여 아담의 몸을 벗고 새로운 몸을 입으시고 구원으로 들어가셨다. 그래서 바울은 그리스도처럼 죽음을 통해 결국 아담의 몸을 벗고 그리스도께서 열어 놓으신 새로운 생명으로 들어가기를 사모한다(4:10). 여기서 우리는 인간의 고통, 고난, 연약함이 지니는 인간론적·구원론적 측면을 만난다.

"내가 약한 그때에 강하다"(12:10)는 바울의 고백 역시 사역적 문맥에서뿐만 아니라 인간론적 문맥에서 이해할 수 있다. 바울은 '육체의 가시'(12:7)를 제거해 달라고 세 번 간구했으나, 하나님은 오히려 "내 은혜가 네게 족하도다. 이는 내 능력이 약한 데서 온전하여짐이라"(12:9) 하고 응답하셨다. 이것은 인간의 고통, 연약함이 부정적이기만 한 것이 아니라 구원의 과정 중 일부이며 그러므로 여전히 하나님의 '은혜'와 '능력'이 다스리는 영역으로 이해될 수 있음을

말해 준다.[12]

놀랍게도, 약할 때 강함을 먼저 경험하신 분 또한 바로 십자가에 달리신 그리스도이시다. "그리스도께서 약하심으로 십자가에 못 박히셨으나 하나님의 능력으로 살아 계시니 우리도 그 안에서 약하나 너희에게 대하여 하나님의 능력으로 그와 함께 살리라"(13:4). 십자가는 연약함의 극치다. 극도로 수치스럽고 고통스러우며 연약한 자리가 십자가다. 연약한 모든 인간 가운데 가장 연약한 이가 바로 십자가의 그리스도다. 그러나 하나님은 당신의 능력으로 연약한 '한 인간'(아담) 예수를 죽음에서 건지셔서 부활 생명으로 인도하셨다.

고통과 연약함이야말로 인간의 가장 정직한 얼굴일 것이다. 문제는 우리가 그 고통과 연약함을 하나님 앞에 들고 나아가는가다. 인간이 고통과 연약함을 고백하고 하나님의 도움이 필요한 바로 그곳에 하나님의 은혜와 능력이 임한다. 그런 점에서 인간의 고통과 연약함은 하나님의 은혜와 능력을 경험하는 신비스러운 통로가 된다.

바울이 자신의 고난, 고통, 연약함을 새롭게 이해하고 설명하는 해석학적 틀을 보라. 바울은 그리스도를 통해 비로소 선명하게 드러난 하나님의 선교 이야기 속에서 인간의 고난, 고통, 연약함을 해석한다. 바울은 우리 자신의 고통과 고난의 문제 및 연약함이라는 텍스트를 이해하기 위해서 하나님의 선교 내러티브를 불러와야 할 이유를 제시한다. 하나님의 선교 이야기 속에서 다시 해석해야 하는 것이 비단 고통, 고난, 연약함뿐이겠는가?

---

12   같은 책, p. 486.

고난의 우주적 측면: 고통과 구속의 동반자인 피조 세계

고난에 대한 바울의 이해는 인간적·사역적 차원에서 멈추지 않는다. 바울은 고린도후서 5:2, 4에서 아담의 몸을 입고 이 세대 가운데 살고 있으면서 새로운 몸 입기를 사모하며 '탄식'하는 인간의 상태를 두 번이나 언급한다. '탄식'이라고 번역된 헬라어 단어는 '스테나조'(στενάζω)인데, 바울 서신에서 고린도후서 5장을 제외하고 이 단어가 사용된 유일한 본문이 재미있게도 피조 세계의 '탄식'을 언급하는 로마서 8:23이다[롬 8:22에는 유사한 동사인 '쉬스테나조'(συστενάζω)가 사용되었다]. 고린도후서 5장과 로마서 8:17-25에서는 같은 단어가 사용되었을 뿐만 아니라 그 내용적 유사성 또한 뚜렷하다. 로마서 8:17-25[13]도 다음 세대의 영광에 들어가기 전에 경험할 고난, 고통, 탄식에 관한 내용이다. 고린도후서 5장과 다른 점이 있다면, 여기서는 완전한 구속을 기다리는 존재를 인간뿐 아니라 피조 세계 전체로 확장시켜 놓았다는 것이다.[14]

---

13 로마서 8:17-25 본문을 다음 헬라어에 주의하여 읽어 보라. "자녀이면 또한 상속자 곧 하나님의 상속자요 그리스도와 함께 한 상속자니 우리가 그와 함께 영광을 받기 위하여 고난(συμπάσχομεν)도 함께 받아야 할 것이니라. 생각하건대 현재의 고난(παθήματα)은 장차 우리에게 나타날 영광과 비교할 수 없도다. 피조물이 고대하는 바는 하나님의 아들들이 나타나는 것이니 피조물이 허무한 데 굴복하는 것은 자기 뜻이 아니요 오직 굴복하게 하시는 이로 말미암음이라. 그 바라는 것은 피조물도 썩어짐의 종노릇한 데서 해방되어 하나님의 자녀들의 영광의 자유에 이르는 것이니라. 피조물이 다 이제까지 함께 탄식하며(συστενάζει) 함께 고통을 겪고(συνωδίνει) 있는 것을 우리가 아느니라. 그뿐 아니라 또한 우리 곧 성령의 처음 익은 열매를 받은 우리까지도 속으로 탄식하여(στενάζομεν) 양자 될 것 곧 우리 몸의 속량을 기다리느니라. 우리가 소망으로 구원을 얻었으매 보이는 소망이 소망이 아니니 보는 것을 누가 바라리요. 만일 우리가 보지 못하는 것을 바라면 참음으로 기다릴지니라."

14 던은 이를 메시아가 오기 전에 닥칠 환난이라는 유대인들의 사고를 통해 설명한다.

로마서 8:17-25과 고린도후서 4-5장 사이의 주제적 연관성은 뚜렷하다. 두 본문 모두에서 바울은 성령을 받은 하나님의 자녀들이 '탄식'하면서 '몸의 속량'을 기다리고 있으며(고후 5:1-4; 롬 8:23), 보이는 것이 아니라 보이지 않는 것을 소망한다(고후 4:16-18; 롬 8:24-25)고 말한다. 로마서 8장에서 바울은 하나님의 백성과 피조 세계 전체가 함께 고통당하고 있으며, 또한 함께 구속될 날을 소망하고 있다고 말한다. 즉, 인간과 피조 세계는 고통과 탄식의 동반자일 뿐만 아니라 구원과 소망의 동반자이기도 하다. 바울은 로마서 8:21에서 "피조물도 썩어짐의 종노릇한 데서 해방되어 하나님의 자녀들의 영광의 자유에 이른다"고 말한다. 피조 세계가 썩어짐의 고통에서 해방될 수 있는 근본 토대는 어디에 있는가? 피조 세계와 하나님의 자녀에게 임하는 고통과 구속의 병행을 생각할 때, 피조 세계가 구속되는 토대 또한 그리스도의 죽음과 부활에 있음을 어렵지 않게 파악할 수 있다.

신음하는 피조 세계는 그리스도의 사역을 통해 결정적으로 영광에 이를 소망의 근거를 마련하였다. 그러나 로마서 8:18-25에서는 그리스도의 사역을 직접적으로 언급하기보다는 피조물과 하나님 자녀의 동반자적 관계를 강조하는데, 심지어 피조물이 "하나님의 아들들이 나타나는 것[15]을 고대하고 있다"(롬 8:19)고 말한다. 이 구절은 피

던에 의하면 이러한 성경 본문 및 유대 문헌에서 그러한 사고가 발견된다. 갈라디아서 4:19; 마가복음 13:8; 요한복음 16:21; 요한계시록 6:9-11; 에스라4서 4.33-43. Dunn, *The Theology of Paul*, p. 486n106를 보라.

15 여기에 "하나님의 아들들이 나타나는 것"(τὴν ἀποκάλυψιν τῶν υἱῶν τοῦ Θεοῦ)이라고 번역된 헬라어 표현은 명사구로 그 시제는 미래적으로도 현재적으로도 번역할 수

조물이 애초부터 아담의 타락 때문에 썩어짐의 종노릇을 하게 되었다는 점을 전제하고, 이제는 죄의 세력에 붙잡힌 옛 사람 아담(들)이 아니라 '하나님의 자녀들'(새로운 아담들)이 나타날 때, 그들과 새로운 종말적 운명을 맞이하게 되리라고 말한다. 우리는 여기서 피조물의 구속 또한 하나님 선교의 중요한 부분임을 발견할 뿐만 아니라 그 일을 위해 먼저는 그리스도께서 보냄받으셨고 이제는 '하나님의 자녀들'이 보냄받았다는 선교적 메시지를 읽는다.

그렇다면 고린도후서에서는 피조물 전체를 위한 목적을 어떻게 표현하고 있는가? 고린도후서 5:17에서 바울은 그것을 '새 창조'라는 표현에 담아낸다. '새 창조'로 직역할 수 있는 헬라어 표현 '카이네 크티시스'(καινὴ κτίσις)는 고린도후서 5:17과 갈라디아서 6:15 두 군데에만 등장하는 표현이다. 개역개정에서는 고린도후서 5:17에서 "새로운 피조물", 갈라디아서 6:15에서 "새로 지으심을 받는 것"이라고 번역했다. 두 본문의 문맥에서 그리스도와 연합한 사람에게 일어난 일을 묘사하고 있어서 새 창조를 개인에게 제한하여 이해하기 쉬우나, 사실 새 창조는 하나님의 창조 세계 전체에 임하는 새로운 질서를 가리키는 표현이다. 인간도 그 새 창조 질서의 일부가 된다. 구약성경을 비롯한 유대 문헌에는 이미 하나님이 지으신 창조 세계를 새롭게 창조하시리라는 기대가 반영되어 있다.[16] 이 새 창조는 바울의 묵시적 세계관 속에서는 "하나님이 당신과 맞서 싸우는 세력의 손아귀에서

있다. 현재적으로 번역할 경우 바울은 신음하는 피조 세계가 지금 하나님의 자녀들이 나타나기를 고대하고 있음을 말하고 있는 셈이다.

16 참조. 이사야 65:17; 66:22; 희년서 1:29; 4:26; 에녹1서 72:1 등.

이 우주를 되찾으시는 매우 커다란 내러티브"[17] 형태로 나타난다. 바울은 고린도후서 5:17에서 예수 그리스도의 죽음과 부활을 통해 하나님이 이 세대에서 다음 세대로의 우주적 전환인 새 창조를 일으키셨다고 선언한다.

이어지는 단락인 고린도후서 5:18-21에서 바울은 화해의 메시지를 전하면서, 하나님이 그리스도를 통해 자신에게 화해시키신 대상을 '우리'(18절)로부터 '세상'(19절, κόσμος)으로 확대한다. 그리스도는 이 모든 화해 사역의 중재자이시다. 바울 일행은 이제 이 화해의 사도로 세상을 향해 보냄받는다. 하나님이 일으키시는 새 창조와 화해의 사역은 바울만 부탁받은 게 아니라 하나님의 자녀 모두에게 동일하게 주어진다. 고린도후서 5장의 마지막 구절이 어떻게 매듭지어지는지 보라. 하나님이 그리스도를 십자가에 내어주시고 우리를 그리스도와 연합하게 하신 목적은 무엇인가? 그것은 우리로 하여금 자신의 피조물 전체를 포기하지 않으시고 그들을 고통에서 건져 내시는 바로 그 창조주 하나님의 모진 사랑의 성품을 나타내 보이기 위함, 즉 "하나님의 의로움이 '되게' 하려는"(5:21) 것이다. 피조 세계 전체를 회복하시고 새롭게 창조하시는 하나님의 선교에 동참시키려는 것이다.

여기서 우리는 "피조물이 고대하는 바는 하나님의 아들들이 나타나는 것"이라는 로마서 8:19과 동일한 목소리를 듣는다. 하나님

---

[17] 브루스 W. 롱네커·토드 D. 스틸, 『바울』, 박규태 옮김(서울: 성서유니온선교회, 2019), p. 551.

의 선교를 위해 일어서서 하나님의 의로움을 나타내는 그의 자녀들이 없다면 피조 세계 전체의 고통과 신음이 계속될 것이다. 여기에서 '피조 세계'의 범위를 자연환경에 제한할 필요는 없다. 하나님이 창조하셨으나 죄 아래 신음하는 이 세상의 모든 영역으로 그 범위를 확장할 수 있을 것이다. 하나님은 그 모든 영역의 회복과 구속을 위해 친히 일하고 계시며, 당신의 목적을 위해 자녀들을 보내신다. 신음하는 피조 세계가 하나님 자녀들의 출현을 고대하는 이유가 여기에 있다. 고난과 고통은 우주적 현상이며, 그리스도인들은 그 책임을 회피할 수 없다.

고난의 코이노니아적 측면: 고통의 나눔을 통한 하나님 증언

고린도후서에서 바울이 언급하는 또 다른 종류의 고난은 경제적 고통인 가난이다. 바울은 가난을 이야기하면서 타인의 가난에 자발적으로 참여하여 자신의 것을 나누는 코이노니아적 고난도 함께 이야기한다. 고린도후서 8-9장에서 바울은 경제적 어려움에 처한 예루살렘교회의 성도들을 돕기 위해, 고린도교회의 성도들에게 구제 헌금에 참여하라고 종용한다. 이 단락은 헌금 행위에 대한 다양한 영적 원리를 제시하고 있기도 하지만, 하나님의 새로운 가족 공동체가 함께 구현해야 할 삶의 방식을 제시하고 있다는 점에서 선교적 의의가 적지 않다.

바울이 교회의 정체성과 삶의 방식을 설명할 때 자주 사용하는 세 가지 은유가 있다. 바로 하나님의 성전, 하나님의 가족, 그리스도의 몸이다. 고린도후서 6:14-7:1에서 바울은 고린도교회 회중이 하나님의 성전이며 하나님의 가족이라고 규정하면서, 그 정체성에 맞는 거룩한 삶의 방식을 요구한다. 아버지가 거룩하다면 자녀도 거룩해야 한다. 바울은 이 가족 모티브를 고린도후서 8-9장 배후에서 사용하고 있는데, 가족의 일원이라면 서로의 생존과 안전을 책임져야 한다는 1세기 사회의 인식을 전제하고 있다.[18] 특히 고린도후서 8:13-15에서는 부유한 자녀와 가난한 자녀 모두를 둔 하나님 아버지의 마음을 잘 표현한다. 아버지의 마음은 넉넉한 자녀들이 자신들의 남은 것으로 가난한 형제들의 부족한 부분을 채워 주는 데 있다.

바울은 타인의 가난에 참여하는 것조차도 그리스도를 따르는 제자도의 관점에서 바라본다. 바울은 고린도후서 8:9에서 그리스도의 은혜를 다음과 같이 설명한다. "부요하신 이로서 너희를 위하여 가난하게 되심은 그의 가난함으로 말미암아 너희를 부요하게 하려 하심이라." 로마서 8:29처럼 바울이 여기서 그리스도를 하나님 가족의 '맏아들'로 여기고 있다면 가족 비유는 더 분명해진다. 그리스도께서는 하나님의 본체로서 신적인 영광과 부요함 가운데 계셨지만, 맏아들로서 그분의 자발적 희생을 통해 다른 모든 가족을 영적으로 부요케 하였다. 그 맏아들이 하나님의 우주적 가족을 형성하기 위해 자신의 선교적 소명을 완수한 것처럼, 또 다른 자녀의 물질적인 나

---

[18] 1세기 그리스-로마 사회 속 가족의 구성과 책임에 대해서 알려면 다음 책을 보라. David A. deSilva, *Honor, Patronage, Kinship & Purity: Unlocking New Testament Culture* (Downers Grove: IVP Academic, 2000), pp. 157-198. 『문화의 키워드로 신약성경 읽기』(새물결플러스).

눔과 희생을 통해서 형제자매들이 부요함을 경험할 것이다. 이것이 바로 하나님의 가족이 함께 살아가는 코이노니아의 원리, 즉 고난에 동참하는 삶의 모습이다.

극단적인 경쟁심과 명예심, 개인주의와 특권 의식에 붙잡혀 있던 고린도교회 회중이 이러한 그리스도의 모습을 따라 서로의 고통에 참여할 수 있을까? 고린도전서 11장에서 보듯이, 고린도의 부유한 자들은 가난한 자들과 겸상하지 않기 위해 주의 만찬 자리에서조차 가난한 자들을 소외시키지 않았던가? 바울은 고린도교회 성도들을 붙잡고 있는 이러한 고린도의 세속적 내러티브, 나아가 로마 제국의 힘과 권력의 내러티브를 전복시키지 않고서 회중을 변화시킬 수는 없다고 생각했을 것이다. 그들을 변화시킬 수 있는 유일한 내러티브는 고린도의 내러티브와는 완전히 '대조되는' 내러티브가 지닌 힘이다. 하나님은 죄 없는 아들을 십자가에서 하나님 자신이 가장 싫어하시는 죄처럼 다루셨고(5:21), 그리스도께서는 스스로 죄인들을 위해 자신을 희생하셨다(5:14). 바로 그 그리스도의 은혜와 하나님의 사랑을 집약하는 또 다른 표현이 앞에서도 언급한 "하나님의 의로움"(5:21)이다. 바울은 21절에서 성도들에게 "하나님의 의로움이 '되라'"고 부탁한다. 하나님의 사랑과 은혜를 살아 냄으로써 의로움을 구현하라는 것이다.

예루살렘교회 성도들의 경제적 고통에 동참하라고 권유하는 고린도후서 9:6-15에서, 바울은 이것이 하나님의 은혜를 은혜 되게 하는 방식이라고 설명한다. 바울은 1세기의 후견인과 예속인이라는 문화적 코드를 염두에 두고 하나님이 주신 물질적 선물을 어떻게 사용해야 할지 다룬다.[19] 시편 112:9을 인용하여 바울은 "흩어 가난한 자들에게 주는" 것이 하나님의 자녀들이 하나님의 의로움을 살아 내는 길이라고 말한다. 바울은 고린도교회 성도들을 농부에 비유하면서 그들이 추수할 수 있도록 "씨와 먹을 양식"을 주신 이가 누구였는지 묻는다(9:10). 자신의 노력으로 열매를 거두었으니 자신의 소유라고 생각하는 그들에게, 바울은 열매를 거둘 수 있도록 '씨'를 주신 분이 누구였는지 묻는다. 즉, 모든 것이 하나님의 호의와 선물이라는 것이다. 바울은 이 과정에서 후견인과 예속인 관계에서 예속인이 후견인에게서 은혜를 입은 뒤에 후견인에게 감사할 뿐만 아니라 후견인이 준 선물을 바르게 사용하여 더 많은 사람이 그 후견인에게 감사하게 하고 결국에는 후견인의 명예를 높이도록 기대했던 당시의 문화적 논리를 암시한다. 고린도후서 9:11-15을 다시 읽어 보라. 바울이 재물을 사용함으로써 다른 형제자매들의 필요를 채우는 일을 넘어 궁극적으로 하나님의 영광과 명예를 높이는 데 얼마나 관심을 두는지 확인해 보라. 형제의 경제적 고통에 참여하는 일 자체도 귀하지만, 이를 통해 하나님의 이름이 영광을 받게 된다. 선교는 이런 식으로 증인 공동체의 구별된 삶을 통해 일어난다.

바울이 고린도후서 8-9장에서 고린도교회 성도들에게 쓴 내용은, 단지 그들이 한 번도 보지 못한 다른 지역 성도들의 가난에 자발적으로 동참하라고 명하는 것 이상이다. 바울은 유대인과 이방인을

---

[19] 1세기의 후견인-예속인 관계에 대해서 알려면 deSilva, *Honor, Patronage, Kinship & Purity*, pp. 95-120를 보라.

가르는 인종의 경계를 넘어서도록 도전한다. 이를 통해 교회를 더 폭넓은 성령의 코이노니아로 초청한다. 아버지와 아들 하나님은 성령의 코이노니아 속에서 영원 전부터 사랑의 공동체 속에서 기쁨과 사랑, 평화와 안식을 누려 오셨다. 이제 그 사랑의 공동체는 고린도교회 회중을 통해 구현되어야 한다. 그 시작은 다른 가족의 고통에 참여하고 나의 소유를 나누는 데서 시작한다. 고통에 대한 공동체적 나눔과 참여를 통해 그들은 '하나님의 의로움'을 구체적으로 살아 낸다. 이를 통해 하나님을 증언하고 하나님의 세상 회복에 동참한다.

고린도후서의 고난에 대한 선교적 읽기, 그 교회론적 함의

본문에서 하나님의 선교를 읽어 내려는 선교적 해석학의 최종적 관심은 오늘 우리를 위한 교회론적 함의를 찾아내는 데 있다. 선교적 해석공동체는 하나님으로부터 '보냄받은 사람들'이라는 정체성을 생생하게 의식하며, 이 텍스트를 통해 지금 여기서 예수를 따르는 우리만의 방식이 무엇인지 질문한다. 그런 점에서 선교적 해석학은 독자와 텍스트를 엄격히 분리하는 역사적·객관적 읽기를 넘어 '독자-개입의 해석학'을 요구한다. 또한 텍스트를 읽는 개인에게 방점을 두었던 근대의 정신을 따르기보다는, 한 사회와 문화 속에 보냄받은 증인 공동체의 선교적 정체성과 삶의 방식을 강조한다. 그렇다면 지금까지 고린도후서를 중심으로 살펴본 고난의 선교적 측면이 오늘 우리에게 지니는 교회론적 함의는 무엇인가?

교회, 일상적 고난을 통해 선포하는 사람들

우리는 세상 속에서 하나님의 선교에 부름받은 그리스도와 사도들이 모두 고난받은 이들이었음을 기억한다. 그들이 고난, 고통, 연약함 자체를 즐긴 것은 아니다. 그들이 보냄받은 곳은 하나님을 대적하는 죄의 세력이 다스리는 곳이었다. 인간은 죄의 노예로 살면서 삶을 파괴하는 온갖 내러티브, 가치관, 욕구, 삶의 방식을 재생산하고 악순환 시켰다. 그리스도와 사도가 보냄받은 곳은 하나님을 대적하는 생각, 욕구, 실천이 하나의 문화를 형성한 시공간이었다. 그 속에서 하나님의 선교에 헌신하는 삶은 다른 세계관과 대조적인 삶의 방식을 요구했고, 그것을 일관되게 유지하는 일에는 불가피하게 고난이 따랐다.

바울은 고린도후서에서도 하나님을 대적하는 보이지 않는 세력의 존재를 언급한다. 고린도후서 4:4에서는 "이 세상의 신이 믿지 아니하는 자들의 마음을 혼미하게 하였다"고 말한다. 2장에서는 악을 행한 어떤 이를 권징하고 회복시키는 과정에서 특별한 주의와 성찰을 요구하는 이유를 말하면서 "이는 우리로 사탄에게 속지 않게 하려 함이라. 우리는 그 계책을 알지 못하는 바가 아니로라"(2:11) 하고 말한다. 교회는 이러한 죄의 세력이 역사하는 구체적 현장으로 보냄받는다.

에버렛 퍼거슨(Everett Ferguson)은 초기 교회 그리스도인들을 가장 힘들게 한 것은 로마의 물리적 핍박보다는 전통적 가치관, 종교, 문화적 관습에 깊이 젖어 있는 가족, 이웃, 동족으로부터 배척, 소외, 모욕을 당하고 주변화되는 것이었다고 말한다.[20] 기독교 신앙을 받아

---

20   에버렛 퍼거슨, 『초대 교회 배경사』, 엄성옥·박경범 옮김(서울: 은성, 2005), pp. 697-

들이는 일은 전향적 회심을 요구하는 종교를 받아들이는 것으로, 그만큼 기존에 몸담았던 삶의 체계에 두고 나와야 할 게 많고 이전에 속한 사회에서 받는 저항과 배척은 심했을 것이다. '로마의 평화'(*Pax Romana*) 이데올로기가 지배하는 제국 속에서 하나님 나라의 질서와 가치 체계를 선포하는 이들이 어떠한 고난에 노출되었을지 짐작하기란 어렵지 않다.

자연히 고린도후서를 비롯한 신약 문서에서 공통되게 전달하는 내용은 그리스도인들에게 주어진 '고난'의 일상성이다. 이는 이 세대 한가운데서 다음 세대의 생명과 가치를 살아 내는 사람들의 숙명이다. 고린도 사회 속에서 종들과 겸상하는 일을 수치로 여겼던 유지들이 교회에서만큼은 주의 만찬 자리에 종들과 함께 앉으라는 요구를 받았다(고전 11:33-34). 가정 교회의 리더요 교회의 유지라 하더라도 권징과 회복 절차의 명령에 순종하기를 요구받았다(고후 2:5-11). 고린도의 전통적 수호신을 기리는 종교 행사에 참석하고 식사 자리에 초대받고 음란한 행위에 참가함으로써 소속감과 정체성, 명예와 특권, 육체의 쾌락을 얻었던 그들은 이제 우상과 단절하며 이전에 즐기던 것들을 내려놓기를 요구받고, 예수를 주로 섬기는 소수 집단 공동체 속에서 새로운 정체성과 명예를 찾고 거룩한 욕구를 연습해야 했다(고후 6:14-7:1; 고전 10장). 종과 겸상하는 그리스도인 주인이 도시의 다른 유지들로부터 어떻게 조롱받고 소외되었을지 상상해 보라. 그들이 고난받은 것은 한마디로 다른 삶을 시작했기 때문

726를 보라.

이다.

선교적 관점에서 고난의 문제를 생각하면서, 초기 교회가 직면할 수밖에 없었던 고난이 우리 시대 교회에는 왜 이리 희소한지 질문하게 된다. 하나님을 대적하는 이 세대의 우상들이 사라졌기 때문인가? 아니다. 오히려 교회가 '구별된 삶'을 상실했기 때문일 것이다. 그리고 고난 속에서도 지켜 내야 할 다른 삶의 이유를 상실했기 때문일 것이다. 복음은 사람을 변화시키는 능력이다. 하나님은 그리스도 사건을 통해 세상을 회복하시는 당신의 마음과 능력을 보여 주셨고, 교회는 그 회복과 구원을 먼저 경험한 사람들의 공동체다. 사람들은 이유 없이 고난을 수용하지 않는다. 그리스도인들이 고난받는 것은 그들에게 양보할 수 없는 삶이 있기 때문이다. 복음이 지적 체계로만 전달되어서는 안 되고 다른 삶의 방식으로 구현되어야 할 이유가 여기 있다. 고난이 의미 있는 것은 그것이 더 큰 삶의 한 부분이기 때문이다. 복음에 합당한 전체 삶이 있기에 고난이 소화될 수 있다. 복음이 오늘 한국의 그리스도인들에게 요구하는 삶의 방식을 창조적으로 구현해야 할 이유가 여기 있다. 그 삶을 경험해야 고난도 견딜 수 있다.

복음에 합당한 구별된 삶 때문에 고난받는다면, 반대로 말해 고난이야말로 복음의 능력을 증언할 수 있는 최고의 기회다. 고난 자체가 고난받는 이유에 대한 메시지다. 그래서 교회는 고난받는 공동체이면서 동시에 고난을 통해 선포하는 공동체다.

교회, 인간의 고통과 연약함을 끌어안는 사람들

바울은 고린도후서에서 자신의 육체적 연약함을 예로 들면서 이 세대에 속한 모든 연약한 것을 새롭게 창조하시는 하나님의 은혜와 능력을 전했다. 그리스도께서는 친히 인간의 고통과 연약함을 끌어안으시고 인간이 다다를 새 창조의 생명과 몸을 완성하셨다. 그 속에서 인간의 육체적 연약함과 고통 또한 구원의 한 과정으로서 긍정될 수 있다.

어쩌다 보니 종교는 한 인간이 자신의 연약함을 극복하는 수단으로 취급받게 되었다. 고통과 연약함이 만연해 있는데도 말이다. 이런 종교는 현실을 설명하지도 못하고 대안을 제시하지도 못한다. 복음은 인간의 고통과 연약함을 직시한다. 그것을 직시할 때만 고통 중에 있는 인간을 존중할 수 있다. 기복신앙의 체계가 잔인한 이유는 인간의 고통과 연약함을 부정함으로써 비현실적 신앙 체계를 강요하기 때문이다. 그러나 기복신앙의 위험은 거기서 멈추지 않는다. 하나님은 인간의 연약함을 통해 오히려 그분의 은혜와 능력을 더 온전하게 드러내신다(고후 12:9). 즉, 인간의 고통과 연약함이야말로 하나님의 임재를 경험할 수 있는 절대적 장소다. 하지만 기복신앙은 애초에 그 가능성을 제거해 버린다.

그러므로 교회는 인간의 고통과 연약함을 끌어안는 사람들의 공동체다. 꼭 팬데믹 상황이 아니더라도, 우리 주변에는 늘 고통과 죽음이 존재한다. 교회가 제국의 논리를 따라 힘과 권력과 고급스러움만을 추구하지 않고 인간의 고통과 연약함을 끌어안을 수 있다면 고통과 연약함의 문제로 씨름하는 모든 이를 위한 제사장 공동체가 될 수 있을 것이다. 교회가 그들의 고통을 제거해 주지는 못해도 그들과 함께 있으면서 하나님의 은혜와 긍휼을 매개할 수 있을 것이다. 이것이 인간에 대한 가장 정직하고도 현실적인 접근이 아니겠는가? 오늘날 교회는 하나님의 은혜와 능력의 메시지를 회복하기 이전에 인간의 연약함에 대한 메시지를 회복해야 한다. 연약한 이들의 곁에 있는 행위야말로 복음 전파의 문을 열어 주리라 생각한다. 그리스도께서 세리, 죄인, 나병 환자에게 하셨던 것처럼, 교회는 연약한 자들과 함께하는 사람들이라는 선한 소문이 필요하다.

바울은 하나님의 가족 공동체 속에서 경제적 고통에 빠진 다른 가족들의 고통에 참여하기를 부탁한다. 현대 교회에서 지체들끼리 물질을 서로 나누지 못하는 가장 큰 이유는 탐심 때문이겠지만, 문제는 그뿐만이 아니다. 교회는 서로를 인격적으로 만나고 친밀함을 나누면서 신뢰를 쌓고 서로의 고통을 살필 수 있는 초기 기독교 가정교회의 역동성을 상실했다. 이것은 오늘 우리 시대의 교회 구조를 되돌아보게 한다. 팬데믹 이후 한국 교회의 모델로 소규모의 기독교 공동체가 제시되는 이유다.

더 나아가 우리는 초기 교회에서 사회적 약자들에게 얼마나 관심을 두었는지 돌아볼 필요가 있다.[21] 초기 교회가 약자들에게 민감한 공동체로 형성될 수 있었던 것은 무엇보다 초기 교회에서는 서로를 하나님의 가족으로 받아들였기 때문이다. 아울러 하나님의 선교는

---

[21] 바울은 그의 주요 서신 모두에서 가난한 자들의 구제 문제를 언급하고 있다. 누가복음의 주요 주제 가운데 하나도 약자에 대한 관심이다. 야고보서 1:27; 2:1-26; 요한1서 3:16-18에서도 사회적 약자, 가난한 자에 대한 초기 교회의 접근을 증언한다.

교회 밖에 있는 이들과 피조 세계 전체의 회복이 목표임을 고백했기 때문이다. 내가 하나님으로부터 조건 없는 자비와 환대를 받았기 때문에 나 또한 연약한 자에게 동일한 자비와 환대를 베푼다는 그리스도인들의 태도가 교회 밖 사람들에게는 하나님의 성품에 대한 눈에 보이는 증언이었다.

교회, 피조 세계 전체와 함께 신음하는 사람들

마지막으로, 신음하는 "피조물이 하나님의 아들들이 나타나기를 고대"하고 있음(롬 8:19)을 상기시키고 싶다. 지금 우리는 이전에 경험한 적 없는 유형의 팬데믹 시대를 살아가고 있다. 인간의 탐심 때문에 하나님이 지으신 창조 세계가 파괴되고 동식물이 멸종되는 상황 속에서도 우리는 도무지 성찰할 줄을 모른다. 나의 고난과 고통은 아파하면서도 피조 세계 전체의 신음 소리는 듣지 못한다. 인간이 하나님의 형상으로 지음받은 것은 하나님을 대신하여 피조 세계를 섬기고 더 아름답게 가꾸기 위함이었다. 선교적 해석학은 창조와 새 창조의 구도 속에서 성경 전체를 읽도록 시야를 넓혀 줄 뿐만 아니라, 동시에 인간 구원 중심의 성경 이야기에서 피조 세계 전체를 위해 '보냄받은' 인간의 이야기로 우리의 시야를 넓혀 준다.

인간과 피조 세계 전체가 하나님 선교의 무대가 된다면, 우리는 세상 회복의 범위를 인간 사회와 문화로 확장할 수 있다. 죄의 영향 아래에서 썩어짐의 종노릇하는 것은 자연 세계만이 아니다. 인간 사회는 각종 부조리와 부패로 고통과 고난을 증폭시키고, 그 속에서 약자들은 인간 존엄성을 보장받지 못한다. 하나님은 피조 세계 전체의 창조주이시며 불신자들의 하나님이시기도 하다. 교회는 바로 그들을 위해 보냄받았다. 그간 한국 교회 주류의 흐름을 살펴보면, 교회는 자신의 종교적 욕구를 채우려는 종교적 소비자들로 채워졌고,[22] 사역자들 또한 교회 안에 있는 이들의 욕구를 채우는 사역을 수행하기 급급했다. 성도들의 영적 필요를 채워 주는 것이 문제는 아니다. 그러나 교회 안에 있는 이들이 교회 밖 사회와 사람들에 대한 선교적 관심을 상실할 때, 교회 안에 있는 이들의 영적 욕구는 쉽게 변질된다.

하나님은 우리에게 신음하고 있는 피조 세계를 위해 교회 안과 밖의 경계를 넘어 보냄받은 곳으로 나아가라고 요청하신다. 초기 그리스도인들은 경계를 넘는 사람들이었다. 어떤 유대계 그리스도인들이 안디옥에 이르러 유대인과 이방인의 경계를 넘어 이방인들에게도 복음을 전한 일은 최초의 이방인 교회를 탄생시켰다(행 11:19-21). 바울은 마케도니아와 아가야의 이방인 그리스도인들에게 이제 예루살렘의 가난한 성도들의 경제적 고통에 참여하라고 권면한다. 고린도의 부유한 유지들에게 그들의 종들과 함께 주의 만찬 자리에 앉으라고 명령한다. 그렇게 그리스도인들이 경계를 넘을 때마다 고난이 찾아왔다.

그러나 당신의 선교 이야기 속에서 하나님은 계속해서 누군가를 '경계 너머에 있는 또 다른 누군가'에게로 보내신다. 아버지 하나님은 아들 하나님을 세상으로 보내셨다. 아들은 아버지와 함께 성령 하나

---

22 대럴 구더(Darrell L. Guder)는 서구 교회가 종교적 소비주의에 빠졌다고 비판한다. 대럴 L. 구더, 『증인으로의 부르심』, 허성식 옮김(서울: 새물결플러스, 2016).

님을 세상으로 보내셨다. 아버지가 아들을 보내신 것처럼, 아들은 교회를 세상으로 보내셨다(요 20:21). 우리가 보냄받은 곳은 교회가 아니다. 교회 자체가 세상으로 보냄받았다. 이것이 선교적 해석학의 핵심이다. 그런 점에서, 성경은 교회라는 안전지대에 머무르고 있는 우리에게 경계를 넘어 죄로 고통당하고 신음하는 세상으로 가라고 말하며 우리를 파송한다.

결론: '그리스도의 편지'로 보냄받은 사람들

지금까지 하나님의 선교 이야기 속에서 고린도후서에서의 고난이라는 주제를 살펴보았다. 신앙 공동체의 고난은 하나님이 자신을 드러내고 세상을 회복하시는 도구다. 인간과 피조 세계의 고통과 연약함은 새 창조를 위한 몸부림이다. 형제자매의 가난에 참여하는 것은 깨어진 세상의 한 부분을 회복하는 그리스도인의 방식이다. 이 모든 고난, 고통, 연약함에서 그리스도는 우리의 모델이시다. 교회는 그리스도의 고난, 가난, 연약함에 참여하는 사람들의 공동체다.

고린도후서의 첫머리에서 바울은 고린도교회 성도들을 '그리스도의 고난'으로 초청한다(1:6-7). 그는 그리스도의 고난이 가득한 삶에는 그 고난 때문에 넘쳐나는 하나님의 위로가 있다(1:5)는 사실을 누구보다 잘 알고 있기 때문이다. 고난은 늘 더 큰 삶의 한 부분이다. 그래서 고난은 항상 그 삶에 대한 증언일 수밖에 없다. 스스로를 "그리스도의 향기"(2:15)와 "그리스도의 대사"(5:20)로 소개한 바울은 고린도교회 또한 하나님의 세상 회복을 증언하는 증인이 되어 주기를 기대했다. 그래서 바울은 고린도교회 회중에게 "그리스도의 편지"(고후 3:3)라는 아름다운 이름을 붙여 주었다. 우리는 모두 보냄받은 편지다. 이 아름다운 이름이 우리 공동체의 정체성이 되기를 소원한다.

참고문헌

Brownson, James V. *Speaking the Truth in Love: New Testament Resources for a Missional Hermeneutic*. Harrisburg, PA: Trinity Press International, 1998.

deSilva, David A. *Honor, Patronage, Kinship & Purity: Unlocking New Testament Culture*. Downers Grove: IVP Academic, 2000. 『문화의 키워드로 신약성경 읽기』(새물결플러스).

Dunn, James D. G. *The Theology of Paul the Apostle*. Grand Rapids: Wm. B. Eerdmans Publishing Co., 1998. 『바울신학』(CH북스).

Hunsberger, George R. "Mapping the Missional Hermeneutics Conversation." In *Reading the Bible Missionally*, ed. Michael W. Goheen. Grand Rapids: Wm. B. Eerdmans Publishing Co., 2016.

구더, 대럴 L. 『증인으로의 부르심』. 허성식 옮김. 서울: 새물결플러스, 2016.

라이트, 크리스토퍼. 『하나님 백성의 선교』. 한화룡 옮김. 서울: IVP, 2012.

_____. 『하나님의 선교』. 정옥배·한화룡 옮김. 서울: IVP, 2010.

롱네커, 브루스 W.·토드 D. 스틸. 『바울』. 박규태 옮김. 서울: 성서유니온선교회, 2019.

정성국, 『고린도후서 어떻게 읽을 것인가』. 서울: 성서유니온선교회, 2020.

퍼거슨, 에버렛. 『초대 교회 배경사』. 엄성옥·박경범 옮김. 서울: 은성, 2005.

4장
고난 중 선교

요한계시록을 중심으로

송영목

서론

예수 그리스도를 구원자이자 주님으로 믿는 그리스도인이 구원의 복음을 대적하는 세상에 복음을 전할 때, 그들은 다양한 고난을 경험한다. 선교는 종종 박해와 고난을 낳는다.[1] 즉, 교회가 당하는 고난의 근본 이유가 선교이기에 고난은 선교의 진정성 여부를 판단하는 하나의 시금석이다.[2] 선교적 고난(missional suffering)은 교회가 하나님의 선교(missio Dei)에 충실히 응답할 때 선교지에서 겪는 모든 고통이다.[3] 이 사실을 숙지한 복음주의 (선교) 신학자들과 목회자들이 공동으로 작성한 『바트 우라흐 선언서』(Bad Urach Statement, 2010)에서는 선교를 수행할 때 겪는 고난과 박해와 순교의 의미를 다차원적으로 다

---

[1] 신약성경에서는 예수 그리스도의 이름을 위해 고난받는 그리스도인을 자주 소개하며(눅 21:12; 요 15:20-21; 행 5:41; 9:15-16; 15:26; 21:13; 롬 8:17-23, 26; 고전 4:12-13; 고후 1:7; 4:11-18; 빌 1:29; 2:27-30; 3:10; 골 1:24; 살후 1:4-5; 딤후 2:12; 약 5:10; 벧전 4:13-14; 5:10; 계 2:3), 의인들이 당하는 박해도 자주 언급한다(마 5:10-12, 44; 10:16-18, 21-23, 28; 20:22-23; 23:34, 35; 24:8-10; 막 8:35; 9:42; 13:9, 11-13; 눅 6:22-23, 26-27; 17:33; 21:12-19; 요 12:42; 15:18, 19; 16:1-2; 17:14; 행 4:16-20; 5:29, 40-42; 7:52; 8:4; 28:22; 롬 8:17, 35-37; 고전 4:9-13; 13:3; 고후 4:8-12; 6:4-5, 8-10; 11:23-27; 12:10; 갈 4:29; 6:12, 17; 빌 1:12-14, 28-29; 골 1:24; 살전 1:6; 2:2, 14-15; 살후 1:4; 딤후 1:8, 12; 2:9-10, 12; 3:2-3, 12; 4:16-17; 히 10:32-34; 11:25-27, 33-38; 12:3-4; 13:13; 약 2:6; 5:6, 10; 벧전 3:14, 16-17; 4:3-4, 12-14, 16, 19; 요일 3:1, 13; 계 2:3, 10, 13; 6:9-11; 7:13-17; 12:11; 17:6; 20:4). 참조. D. G. van der Merwe, "Perseverance through Suffering: A Spirituality for Mission", *Missionalia* 33/2 (2005), pp. 331-332.

[2] C. Sauer, "Theology of Persecution and Martyrdom: An Example in Globalizing Theology", *Evangelical Review of Theology* 37/3 (2013), p. 272.

[3] C. Sauer, "Missio Dei and Compassio Dei: Minority Christians Experiencing God's Acts in the Face of Hostility", *Scriptura* 106 (2011), p. 23; 장은경, "선교와 고난에 대한 선교 신학적 이해", 「Muslim-Christian Encounter」 13/1(2020), pp. 127-129.

루면서(예컨대 기억, 이해, 변혁), 결론에서 글로벌 보편 교회가 자원하는 마음으로 연대하여 십자가를 능동적으로 짊어지기를 제안했다.[4] 예수님이 오심으로써 천국의 종말론적 새 시대가 열렸지만, 증오와 거짓과 폭력과 살인의 아비인 사탄이 활동하는 옛 시대의 저항은 지속되고 있다. 그러므로 그리스도인은 하나님의 구속사 속에서 선교 사명을 성취해 나갈 때 고난과 긴장 가운데 살 수밖에 없다.[5]

'고난 중에서의 하나님 나라의 확장'(계 11:15)을 중심 주제로 삼는 요한계시록에서 고난과 선교는 중요한 주제이다(참조. 행 14:22).[6] 요한계시록을 연구하는 학자들은 로마 황제의 박해 가운데서 어린양을 따라 교회가 십자가를 지면서 수행해야 하는 선교라는 관점에서 요한계시록의 고난을 연구해 왔다.[7] 1세기의 박해와 너무도 다른 평화로운 환경에서 사는 신약학자들이 고난을 논하는 일은 현실감이 결여된 학문적 사치처럼 보일지도 모르겠다. 그럼에도 여기서는 모든 성도가 하나님의 선교를 위해 공적·사적 영역에 보냄을 받았다는 공공선교적(public-missional) 관점에서 요한계시록의 고난 중 선교를

---

[4] C. Sauer (ed.), *Bad Urach Statement: Towards an Evangelical Theology of Suffering, Persecution and Martyrdom for the Global Church in Mission* (Bonn: Verlag für Kultur und Wissenschaft, 2012), p. 12.

[5] 같은 책, p. 13.

[6] J. A. du Rand, *A-Z van Openbaring* (Vereeniging: CUM, 2007), p. 63; J. du Preez, "Mission Perspective in the Book of Revelation", *Evangelical Quarterly* 42/3 (1970), p. 158.

[7] R. Bauckham, *The Climax of Prophecy: Studies on the Book of Revelation* (Edinburgh: T&T Clark, 1993), pp. 238-337, 특히 pp. 258, 285. 『요한계시록 신학』(부흥과개혁사).

다뤄 볼 것이다.⁸ 이를 위해, 먼저 요한계시록의 정경적 위치에서 선교를 연구하고, 삼위 하나님의 선교에 나타난 고난과 하나님의 선교에 동참하는 소아시아 일곱 교회의 고난을 차례로 다룬다. 마지막으로 요한계시록의 고난 중 선교를 오늘날 교회의 공공선교적 실천에 적용한다.

정경 내 요한계시록의 위치와 선교

정경에서 요한계시록의 위치는 66권의 마지막이자 결론이다. 다수 학자는 요한계시록이 여러 전승의 편집 과정을 거쳐 100년경에 서신 형식으로 마무리된 작품으로 추정하지만,⁹ 요한계시록은 성령의 영감을 따라 사도 요한이 기록한 통일성을 갖춘 정경이다. 요한계시록

---

8   2010년경부터 공공신학과 선교적 교회론에 관한 연구는 통합적으로 이루어지고 있다. 장로회신학대학교의 김영동이 내린 공적선교신학의 정의는 다음과 같다. "다문화적, 토착적, 그리고 카리스마적 지평을 가진 세계 기독교 시대와 공적 영역에서의 말씀 사건을 통하여 말씀하시는 하나님의 내러티브의 선교학이 하나님의 선교요 공적선교이다. 공적선교는 예언자적-디아코니아적 활동 가운데 구현된다. 아울러 포스트모더니즘과 세계화 상황에서 복음 전도와 사회경제적 정의 추구와 지속가능한 생태계 보전과 상호문화적 소통과 교환 등의 활동에서 '하나님의 말씀 사건', 즉 하나님의 말씀의 이해와 증거를 새롭게 하는 가능성이 부상하는 것이 공적선교이다.… '온 교회'(the whole church)가 '온전한 복음'(the whole gospel)을 '온 세상'(the whole world)의 '모든 사람'(the whole people)에게 전하는 통전적 선교이다." 김영동, "공적선교신학 형성의 모색과 방향", 「장신논단」 46/2(2014), pp. 309, 314. 이러한 공공선교신학은 예수님 중심의 천국 복음을 증언하는 전통적 전도와 해외 선교를 배격할 필요가 없으며 사회복음이라는 오해를 받지 않도록 주의해야 한다.

9   예를 들어, 요한계시록은 어느 편집자가 세 가지 전승(계 4:1-8:1; 8:2-11:19; 12:1-22:5)을 서로 조화롭게 조합해 종말을 향한 사건을 반복해서 알린다고 보는 견해가 있다. M. Gourgues, "L'Apocalypse ou les Trois Apocalypse de Jean?", *Science et Esprit* 35/3 (1983), p. 322.

의 사도 요한 저작성은 존 애슈턴(John Ashton) 등이 주목한 대로 요한복음에 나타난 묵시 사상에서 확인할 수 있는데, 요한복음 1:50-51의 열린 하늘 환상을 뒤따르는, 하늘의 성부께서 파송하신 예수님이 행하신 표적들과 영광은 하늘의 묵시적 계시와 같다(요 1:1; 3:12-13; 6:33; 8:40; 17:8; 참조. 창 28:12; 계 4:1).[10] 요한복음과 요한계시록은 묵시 사상, 상징 활용, 증언을 강조한다는 점에서 유사하다.

1세기 소아시아 선교 현장에서 기록된 요한계시록은 신약의 다른 편지들처럼 선교적 특성을 가진다.[11] 종교의 자유가 없던 로마 제국에서 출범한 지 10여 년밖에 지나지 않은 소아시아 교회들을 통해 복음이 전파되던 역사적 상황을 배경으로 삼기 때문이다(참조. 행 1:8; 고전 11:26). 요한계시록을 해석할 때 어떤 사도도 당대에 고통당하는 성도를 먼 미래에 관한 모호한 비유로 조롱하지 않는다는 사실을 기억해야 한다.[12] 요한계시록은 서신이므로 저자와 수신자 사이에 일어난 대화로 읽어야 한다.

성경을 저자와 수신자 당시의 상황에서 읽는 것만큼이나, 구속사를 따라 선교의 책으로 읽는 것도 중요하다. 정경의 첫 책이자 서론인 창세기에서 시작된 하나님의 선교가 요한계시록에서 완성된다는 사실을 찾으려는 노력은 유의미하다.[13] 창세기에서 하나님의 선교는

---

10 B. E. Reynolds, "Apocalypticism in the Gospel of John's Written Revelation of Heavenly Things", *Early Christianity* 4 (2013), pp. 68-88.
11 Du Preez, "Mission Perspective in the Book of Revelation", p. 152.
12 D. Chilton, *The Days of Vengeance: An Exposition of the Book of Revelation* (Tyler: Dominion Press, 1990), p. 42.
13 참조. Sauer, "Theology of Persecution and Martyrdom", p. 269. 참고로 '증인'(עֵד,

'문화 명령'(창 1:28; 8:17)에서 시작하는데, 이 명령은 아담 부부가 하나님의 형상을 지닌 채 하나님의 기쁨의 동산을 온 세상으로 확장하라는 '언약 명령'(covenantal mandate)이다.[14] 이 하나님의 선교는 족장 언약을 거쳐(창 12:3; 26:3) 출애굽 후 제사장 나라로 이어졌다가(출 19:6), 야웨의 고난받으신 종과 이스라엘 백성의 선교를 거쳐(민 14:21; 사 42:6; 49:1-6; 52:10-53:12) 결국 새 언약에서 절정을 맞는다(렘 31:31-33).[15] 신약성경과 요한계시록에서 예수님은 마지막 아담과 새 노아로서 문화 명령을 성취하셨고 선교 명령을 제자들에게 주셨다(마 28:19-20; 계 11:15). 그리고 아브라함의 자손으로서 온 세상에 그 언약을 성취하셨다(마 1:1; 계 12:17). 또한 야웨의 고난받으신 종이신 예수님은 자신의 피로 신약 교회를 사셔서 열방에 구원의 빛을 비추는 제사장 나라로 삼으셨다(마 28:19-20; 눅 2:30-32; 행 13:47; 계 1:6; 5:10; 15:3). 그리고 새 하늘과 새 땅에서 자신의 신부를 위해 새 언약을 완성하신다(히 8:6-13; 계 21:1-7). 요약하면, 성경은 창세기에 나타난 선교의 청사진과 시초론(protology)이 승귀하신 예수님에 의해 완성될 것임을 보여 주는 일종의 웅대한 선교 내러티브(grand mission narrative)

μάρτυς) 관련 단어는 구약성경에서는 대략 200회, 신약성경에서는 181회 등장하는데, 요한 문헌에서만 49회 등장하며 이는 신약성경 용례의 38퍼센트에 해당한다. S. J. Kidder, "The Faithful and True Witness of Revelation 1:5 and 3:14", *Journal of the Adventist Theological Society* 28/1 (2017), p. 114.

14 M. D. Williams, "The Theological Disposition and God's Missional Identity", *Presbyterion* 43/2 (2017), p. 35.
15 이종우, "이사야서에 나타난 '여호와의 종'의 선교리더십과 현대 선교적 논의", 「복음과 선교」 47/3(2019), pp. 171-183; 찰스 배럿, "성경에서 빛의 주제에 대한 누가의 기여: 그리스도와 그분의 제자들의 선지자적 사역과 관련하여", 감기탁 옮김, 「성경연구」 5/1(2021), pp. 120-122.

와 같다.[16]

하나님의 선교 중 고난

성부의 선교와 심판

선교는 보내시는 하나님(sending God)의 속성과 그분의 목적 안에서 파악할 수 있다. 요한계시록의 '영원한 복음'(εὐαγγέλιον αἰώνιον, 계 14:6-7)은 유대인과 이방인에게 전파되어야 하는데, 다름 아니라 삼위 하나님의 '창조와 구원과 심판'이다(참조. 대상 16:23-28).[17] 이 복음은 '하나님의 그 비밀'(τὸ μυστήριον τοῦ θεοῦ)이라 불린다(계 10:7). 성부의 비밀은 성자를 통해 계시된다(참조. 엡 3:4; 골 2:2). 선교의 주도권은 교회가 아니라 성부에게 있다. 성부에게 속한 교회의 3M은 하나님의 구원의 비밀(mystery)을 깨달아 기억(memory)하여 선교(mission)하는 것이다.[18] 복음을 구성하는 세 요소인 창조와 구원과 심판 가운데, 요한계시록의 세 심판 시리즈인 일곱 인(계 6장), 일곱 나팔(8-9장), 일곱 대접 심판(16장)은 보좌 위의 성부와 성자의 공동 사역이다(3:21). 소아시아의 성도를 박해한 자들에게 내려진 이런 심판은 하나님의 우주적 통치를 위한 촉매제와 같다. 하나님의 심판에는 참회개를 촉구하는 긍정적 기능이 있기 때문이다(9:20-21; 11:13; 16:9, 11).[19] 사랑의

---

16 참조. Williams, "The Theological Disposition and God's Missional Identity", p. 29.
17 송영목, "요한계시록 14:6-7의 복음과 인간", 「개혁논총」 54(2020), pp. 253-289.
18 A. J. Roxburgh and M. S. Boren, *Introducing the Missional Church* (Grand Rapids: Baker Books, 2009), p. 40.
19 Du Preez, "Mission Perspective in the Book of Revelation", p. 160.

성부는 독생자 어린양을 세상에 보내셔서 선교하신다(계 12:3-5; 참조. 요 3:16; 17:18; 20:21). 그리고 일곱 영을 보내셔서 온 세상에 그리스도 사건으로 가능한 구원을 전하신다(계 1:4; 3:1; 4:5; 5:6). 그런데 이런 회복적 정의를 구현하시는 선교적 성부(missio Patri)께서 고난을 당하시는 것은 독생자가 고난을 당할 때, 당신의 사랑하는 자녀들이 고난을 당할 때 동정(compassio Dei)하시기 때문이다.[20] 이처럼 요한계시록에서 선교적 성부께서 당하시는 고난은 암시적으로 등장한다.

성부는 요한계시록에 나타난 특별 계시의 원천이시다(계 1:1). 성부는 보좌 위에서 새 모세(15:3), 어린양과 사자(5:5-6), 교회의 신랑(19:7-9)이신 성자를 통해 선교하시는데, 성자에게 일곱 영을 부어 주셨다(4:5; 5:6; 참조. 요 3:34; 행 10:38). 보좌 위의 성부께서 선교하시는 방식과 사역이 다양하기에 통치 대행자이신 성자 예수님을 설명하는 명칭과 상징도 다채롭다.[21] 성부 하나님은 순교한 두 증인에게 생기를 넣어 부활시키심으로써 그들을 신원하신다(계 11:11). 선교적 성부는 복음의 충성된 증인과 순교자 편에 서신다. 공의와 사랑으로 통치하시는 성부께서는 의로운 선교사들을 고난에서 건지셔서 신원하시고 선교적 교회의 박해자들을 심판하신다(참조. 시 33:5; 34:19). 성부는 만

---

20 R. Skaggs and T. Doyle, "The Apocalypse of John: A Lament?" (Paper presented at the 2010 Annual Meeting of the Society of Biblical Literature in Atlanta on November 20, 2010), p. 9.
21 교부들은 요한계시록 5:1의 봉인된 두루마리를 구약, 세상의 운명에 대한 예언, 혹은 유언장으로 이해했다. 이 세 견해를 종합하여, 구약에서 예언한 세상의 역사는 성부 하나님의 유언처럼 성자에 의해 반드시 계시되고 실행된다고 이해하는 입장은 B. A. Androsov, "A Book sealed with Seven Seals (Rev 5,1): Three Bright Patristic Interpretations", Вестник ПСТГУ 45/1 (2013), pp. 74-84를 보라.

유와 시간의 창조주와 섭리자로서 영광을 받으신다(계 4:11). 그리고 성자의 재림 때까지 모든 영역을 변혁해 통치하신다.[22]

예수님의 선교와 고난

요한계시록은 예수 그리스도의 계시다(계 1:1). 그러므로 요한계시록 내러티브에서 예수님은 출발점이자 목표이시다. 예수님은 1차 독자들이 자신의 십자가를 지고 승리하신 자신을 믿고 따라 살도록 (Christotelic cruciform living) 도우신다.[23] 더 구체적으로 말하면, 요한계시록에서 예수님은 '온 교회적인 분'(ὅλη ἐκκλησία person)이시다(참조. 갈 3:16). 열방으로부터 14만 4,000명(5:9; 7장; 14장)과 새 예루살렘성(ἡ πόλις ἡ ἁγία Ἰερουσαλήμ καινή, 21:2, 9)을 자신의 피로 사셔서 신부로 맞이하시고 그들의 거처가 되시기 때문이다(1:22). 모든 교회를 자신 안에 포섭하시는 예수님은 요한계시록을 주시고 증언하신 선지자(1:1, 5), 대왕(17:14; 19:16; 참조. 22:3의 단수 명사 '보좌'), 그리고 대속의 피를 흘려 영단번(once for all)의 제사를 십자가 위에서 드리신 대제사장이시다(5:6). 그리스도의 세 직분은 그리스도인이 선지자

---

22 많은 선교사와 선교학자는 '작은 계시록'(little Apocalypse)인 감람산 강화에서 마태복음 24:14를 세계 선교를 위한 예언적 계획서로 간주하는 경향이 있다. 하지만 로마 제국에 복음이 전파되면 유대인들의 끝이 도래하리라는 1세기 중엽의 사실을 세계 선교나 주님의 재림과 혼동하지 않도록 주의해야 한다. 성부께서는 성자가 재림할 날을 결정해 두셨다(마 24:36). S. W. Sunquist, "21세기 세계 선교: 고난과 영광 (Tribulation and Glory)", 「선교와 신학」 8(2001), pp. 81-102.
23 바울 신학에서도 예수님은 출발, 절정, 종착 목표점이자 그리스도인 윤리의 근거이시다. 참조. A. Asumang, "Review of Lioy: Facets of Pauline Discourse in Christocentric and Christotelic Perspective", *Conspectus* 22 (2016), pp. 208-209, 214.

와 제사장 나라로 살 수 있는 근거가 된다. 또한 예수님은 '만유적인 분'(πάντα person)이시다(참조. 골 3:11). 만유를 창조하셨고 통치하시며 새롭게 하시기 때문이다(계 21:5). 이 두 사실을 결합하면, 예수님이 보편 교회를 통하여 만유에 자신의 구원 계획을 이루고 계심을 알 수 있다. 그러므로 요한계시록을 온 교회와 만유이신 예수 그리스도께서 천국 확장을 주도하시는 복음으로 규정하는 것은 자연스럽다. 세상이 종말을 맞이하기 한참 전에 예수님이 성육신하심으로써 새 시대라는 종말이 이미 시작되었다.[24] 하지만 종말의 새 시대에도 어둠과 악의 세력은 저항한다. 요한은 로마 제국의 선교 종말론(missional eschatology)이 그리스도의 선교(missio Christi)를 막아섰음을 잘 알고 있었다. 여기서 로마 제국의 선교 종말론이란 이전의 수 세기 동안 지속된 혼란을 종식시킨 아우구스투스 치하에서 새 시대가 도래했음을 선전한 통치 이념을 가리키는데, 새 시대를 가져다준 아폴로가 땅과 하늘, 모든 나라와 도시를 통치하며, 모든 국민은 '신의 아들'(divi filius)이자 후견인인 황제를 숭배하는 축제와 게임에 참여함으로써 새 시대를 축하했다.[25] 그러나 요한계시록의 수신자들은 성부의 아들 예수 그리스도께서 유일한 구원자로서 온 세상을 통치하시고 새롭게 하심을 전해야 했다. 요한계시록 독자들은 로마 제국의 이데올로기가 나타내는 예수님 패러디에 속지 말아야 했다. 예수

---

[24] 참조. A. M. Meiring, "An Apocalyptic Agenda for Mission in Our Time", *Verbum et Ecclesia* 41/1 (2020), pp. 2, 6.

[25] 참조. F. J. Boshoff, "Pax Romana as Agtergrond van die Christelike Kerugma", *HTS Teologiese Studies* 71/3 (2015), p. 9.

님의 불꽃 같은 두 눈을 아우구스투스와 도미티아누스가 모방했고 (1:14), 어린양 찬양은 황제를 찬양했던 대규모 합창단 아우구스티아니(Augustiani)의 노래에서 유사성이 발견되며(5:9, 12-13), 어린양의 승전을 로마 장군들이 개선식에서 흉내 냈고(6:2), 예수님의 죽음과 부활에 대한 모방은 네로의 자살 이후 내전(68-69년)을 겪은 로마 제국의 회복에서 나타난다(13:3).[26]

예수님의 정체성은 성부의 선교를 수행하는 대행자임을 인정한다면, "예수 그리스도는 하나님이 인류에게 보내신 선교사라고 볼 때 예수님은 항구적인 선교의 모델이다. 예수 그리스도의 성육신은 선교적 리더십 가운데 중요한 특징이라고 볼 수 있다."[27] 하나님 나라의 복음을 전파하는 과정은 고난을 동반하는데, 그 고난의 절정은 예수님의 십자가 처형이다. 그래서 요한은 일찍 죽임을 당하셔서 선교적 고난(missional suffering)을 겪으신 어린양을 언급한다(5:6). 요한계시록에는 '피'(αἷμα)가 19회 등장하는데[1:5; 5:9; 6:10, 12; 7:14; 8:7-8; 11:6; 12:11; 14:20; 16:3, 4, 6(2회); 17:6(2회); 18:24; 19:2, 13], 그중 예수님의 고난과 죽음을 알리는 경우는 4회다(1:5; 5:9; 7:14; 12:11).

예수님은 충성된 증인이시다(1:5; 3:14). 예수님이 충성스러우신 것은 죽기까지 순종하셨기 때문, 즉 고난을 감내하셨기 때문이다. 요한계시록 3:14에서 예수님을 가리키는 "충성되고 참된 증인"(ὁ μάρτυς ὁ

---

26 M. Labahn, "The Book of Revelation: An Early Christian Search for Meaning in Critical Conversation with Its Jewish Heritage and Hellenistic Roman Society", *In die Skriflig* 48/1 (2014), p. 7.
27 이종우, "이사야서에 나타난 '여호와의 종'의 선교리더십과 현대 선교적 논의", p. 162.

πιστὸς καὶ ἀληθινός)이라는 호칭에는 미지근하여 선교를 수행하지 못한 라오디게아교회를 향한 책망이 담겨 있다.[28] 예수님이 당하신 고난은 요한계시록의 중앙인 12:4에 나타나는데, 여기서 붉은 용은 성육신하실 주님을 잡아먹으려고 대기하고 있다. 여기서 요한계시록의 내러티브가 시간 순서대로 기록되지 않았음을 알 수 있다. 요한은 성자의 성육신과 고난을 내러티브 중앙에 배치하여 강조한다.

예수님이 선교를 위해 활용하시는 도구는 말씀의 칼이다(1:16; 19:15). 복음의 칼은 예수님의 초림으로 이미 패배한 대적 사탄의 강력한 저항을 유발하지만(12:7-9) 결국 그런 악한 세력을 파멸한다(20:4). 사탄은 선교를 수행하기 위해 '사탄의 회'(συναγωγὴ τοῦ σατανᾶ)인 불신 유대인, 혼합주의자인 니골라당, 로마 제국을 가리키는 바다 짐승을 동원한다(2:9, 14; 13:1). 사탄의 세력은 거짓 증언을 일삼다가 심판을 받는다(19:20; 20:10). 사탄의 세력은 자신의 영역을 고수하고 확장하기 위해 맞불 전략을 구사하는데, 그 전략은 예수님이 초림하심으로써 결정타를 입었고(12:3-5), 예수님이 재림하실 때 완전히 심판받을 것이다(20:10).[29]

선교적 성자(missional Son)와 연합한 덕분에 새 출애굽 공동체이자 제사장 나라와 어린양의 신부가 된 교회는 선교적 예배(missional worship)로 새 힘을 충전받아 새 하늘과 새 땅을 소망하며 세상 변혁을 위한 하나님의 선교에 동참한다.[30] 신약 교회는 야웨의 종이 당

---

28 Kidder, "The Faithful and True Witness of Revelation 1:5 and 3:14", p. 127.
29 A. König, *'N Perspektief op Openbaring* (Vereeniging: CUM, 2009), pp. 288-289.
30 송영목, "요한문헌의 선교(적 교회)", 『고난과 선교, 어떻게 설교할 것인가?』, 한국동남

하신 대속의 고난을 묵상하며 자신의 십자가를 지는 사람들로서 (cross-bearer) 십자가를 지고(cruciform) 십자가 아래에서 선교(mission under the cross)를 수행해야 한다. 그리스도인은 어린양이 당하신 고난과 죽으심이 가져다준 구원과 속죄의 효력을 확신함으로써 사탄의 정죄를 물리칠 수 있을 뿐 아니라 현재의 고난을 감내할 수 있다(12:10-11). 물론 성도는 부활하심으로써 승리하신 유다 지파의 사자 예수님을 확신하며 따라야 한다(5:5; 15:3). '그리스도 완결적 모형론'(Christotelic typology)은 요한계시록에 나타난 많은 구약 암시를 관련 구약 본문 상황(문맥, 역사, 언어, 주제, 언약)에서 출발하여 십자가와 부활이라는 구속사의 놀라운 종착점(telos)에 도달하는 유기적 방식을 찾는 동시에, 예수님 안에 있는 놀라운 종말론적 실체로부터 구약의 희미한 그림자를 다시 돌아보도록(retrospective) 돕는 해석학적 도구다.[31]

일곱 영의 선교와 위로

요한계시록에서 '성령'(πνεῦμα)은 일곱 교회에 말씀하시지만(2:7 등), '일곱 영'(τὰ ἑπτὰ πνεύματα)은 온 세상에 두루 다니시며 선교하신다(1:4;

성경연구원 편집(서울: SFC출판부, 2021), p. 492.

[31] 계시의 발전, 정경적 해석, 언약의 발전을 중요시하는 그리스도 완결적 모형론은 풍유적 해석으로 오해받기 쉬운 극대주의 모형론과 모형론을 임의로 제한하는 극소주의 모형론의 중간(via media)이다. 예수님을 중심으로 하는 성경 내러티브 자체는 하나님이 의도하신 구약 모형에 나타난 원래 의미가 특히 언어, 주제, 언약 면에서 놀라운 방식으로 기독론적 목표(Christological telos)에 도달한다고 증거한다. D. S. Schrock, "What designates a Valid Type?: A Christotelic, Covenantal Proposal", *Southeastern Theological Review* 5/1 (2014), pp. 22-26.

3:1; 4:5; 5:6). 따라서 '성령'은 하나의 교회 안에서 말씀으로 일하시고, '일곱 영'의 활동 무대는 온 세상이다. 그래서 일곱 영은 하나님의 보좌 위에 계시지 않고 보좌 앞에 위치하여, 성부와 성자의 통치를 수행할 채비를 하신다(1:4).

일곱 영의 구약 간본문은 바빌론에서 나온 유대인들의 회복 사역을 주도하시는 선교적 성령을 예언하는 스가랴 3:9과 4:10이다. 따라서 선교의 일곱 영(missional seven-Spirits)께서는 그리스도 사건을 통해 성취된 새 언약의 은덕을 적용하시기 위해 온 세상에서 선교를 수행하신다.[32] 교회는 일곱 영의 충만을 간구하여 온 세상을 향한 선교적 성령(*missio Spiritus*)의 사역에 마땅히 동참해야 한다. 일곱 영이 없이는 교회도, 선교도, 사역도 없다. 요약하면, 성령은 '선교의 주인'(*dominus missio*)으로서 선교적 교회가 선교를 실행하도록 인도하신다(참조. 요 20:21; 행 1:8; 고전 2:4).[33] 선교적 교회는 어린양께서 주신 수정같이 맑은 생명수의 강과 같은 성령을 마셔야 한다(계 7:17; 22:1). 요한계시록에 일곱 영께서 선교 중에 고난을 당하신다는 언급은 없지만, 일곱 영께서는 분명 고난을 무릅쓰는 선교적 교회와 함께하신다.

요약

삼위 하나님의 협력 사역은 선교에 잘 나타난다. 성부께서는 자신의

---

[32] A. I. Wilson, "The Holy Spirit in Relation to Mission and World Christianity: A Reformed Perspective", *Conspectus* 31/1 (2021), pp. 75-76; 송영목, "요한계시록의 일곱 영에 대한 언약적 이해", 「영산신학저널」 43 (2018), pp. 211-241.

[33] J. Reimer, "Trinitarian Spirituality: Relational and Missional", *HTS Teologiese Studies* 75/1 (2019), p. 10.

형상을 지닌 백성을 사랑과 구원을 전하라며 부르시고, 성자께서는 대속의 죽음과 승리의 부활을 통해 교회의 선교적 소명을 새롭게 하시며, 성령께서는 선교적인 그리스도의 몸(missional body) 안에서 일하시며 선교적 제자도를 실천하도록 힘을 주신다.[34] 삼위 하나님의 협력 사역은 요한계시록은 물론 신약성경에도 이렇게 나타난다.

삼위일체 하나님의 제2위격인 성자 예수의 기적적인 탄생에 대한 마태의 기사는 삼위일체 '하나님의 선교'(missio Dei)의 토대이며 목적이다. 아버지 하나님의 '보내심'(missio)이 곧 아들의 성육신(incarnation)이며, 이것은 '하나님의 선교'의 구속사적 근거이다. 아버지는 아들을 '보내시고'(mittere), 아들은 사도들을 '보내시며', 성령은 지금도 우리를 '보내신다'. 선교의 근원이 삼위일체 하나님 스스로이시며 성령의 능력을 통해 온 인류와 만물과도 화해하시는 아들의 파송이 선교의 토대이며 목적이다.[35]

---

34 Williams, "The Theological Disposition and God's Missional Identity", p. 41.
35 김은수, "왕의 복음과 선교적 제자도: 마태복음을 중심으로", 「선교신학」 58(2020), p. 124. 참고로 베드로전서 수신자와 요한계시록 수신자의 거주지가 겹치고 둘의 기록 연대와 주요 신학도 유사하다는 점에서, 베드로전서의 선교적 하나님과 선교적 교회를 간본문적으로(intertextually) 비교하는 것은 요한계시록의 하나님이 주체가 되셔서 수행하시는 선교를 이해하는 데 도움이 된다. 요한계시록처럼 터키의 교회에 편지를 썼던 베드로에 따르면, 성부께서는 성자와 선교와 위로의 영이신 성령(벧전 4:14)을 통해 선교를 수행하셨다(벧전 1:2-10). 선교적 하나님은 세상에 흩어진 제사장 나라이자 거류민과 나그네인 선교적 교회가 예수님의 고난의 자취를 따르면서 하나님의 구원 역사에 동참하며 하나님의 영광을 위해 수행하는 선교의 기초다(벧전 2:9, 12; 3:2; 4:11). 하나님의 '참된 은혜'는 충성된 증인으로서 선교하다 고난을 당하는 그리스도인에게 임한다(벧전 1:2; 5:12; 참조. 계 1:5). 그런데 요한계시록의 성부의 선교와 베드로전서의 성부의 선교에는 사소한 차이가 있다. 베드로전서에는 요한계시록에서 볼 수 없는 가정규례(Haustafel)가 등장하는데, 베드로는 고난 가운데서도 사환과 아내와 남편이 선한 행실을 통해 선교적 실천을 하도록 격려한다(벧전 2:21;

이런 협력적인 삼위의 선교(missio Trinititas)에 동참하는 선교적 교회의 동기는 세상의 천국화다(11:15). 삼위께서는 선교의 내용과 방법을 가르치시고(12:11), 그 일을 수행하는 선교적 교회의 눈물을 닦으시며 위로하신다(7:17).[36] 보좌를 공유하시는 성부와 성자는 교회의 대적들을 심판하셔서 자기 백성을 위로하신다(계 3:21). 전체 교회를 자신 안에 포섭하시는 예수님은 큰 목자로서 자기 백성을 위로하시며, 일곱 영은 생수처럼 위로의 영으로서 교회를 위로하신다(7:17).

소아시아 일곱 교회의 선교 중 고난

요한계시록에서는 '고난받다'(πάσχω)라는 동사를 2:10에서 한 차례 언급한다. 하지만 요한과 수신자들이 당하는 신체적·정서적·영적·사회적 고난은 계속되고 있었다(6:11; 16:6; 17:6; 18:24; 19:2). 신약성경에서 10회 사용된 동사 '살육하다'(σφάζω)는 요한계시록에서만 8회 등장하며[계 5:6, 9, 12; 6:4, 9; 13:3, 8; 18:24; 참조. 요일 3:12(2회)], 요한계시록에는 고난과 관련 있는 또 다른 명사인 '환난'(θλῖψις)이라는 표현도 등장한다(계 1:9; 2:9-10, 22; 7:14). 요한은 살육을 순교와 동일시한다. 요한계시록은 세상의 종말을 설명하는 미래 시간표라거나 장차

3:2-7). 이 차이를 제외하면 두 서신은 거의 동일한 선교적 하나님에게서 출발한 선교적 교회를 제시한다. 참조. S. Khobnya, "So that They may be won over without a Word: Reading 1 Peter through a Missional Lens", *European Journal of Theology* 29/1 (2020), pp. 8-13; H. Zorrilla, "Mission and Suffering: A Camouflaged Truth", *Direction* 22/1 (1993), p. 75.

36 Reimer, "Trinitarian Spirituality", p. 2.

있을 박해를 헤쳐 나가도록 만드는 안내서라기보다, 증인(μάρτυς) 역할을 하는 교회를 위한 '박해에 대한 신정론'(theodicy of persecution)과 같다(참조. 1:5; 2:13; 3:14; 11:3; 17:6).[37]

사도 요한의 선교와 고난

요한계시록의 저자는 소아시아의 '장로 요한'이라기보다 '우레의 아들'(υἱός βροντῆς) 사도 요한이다(막 3:17). 실제로 요한은 우레와 같은 하나님의 심판을 자주 설명한다. 동시에 '사랑의 사도' 요한은 선교적 교회를 향한 하나님의 사랑과 신원과 승리도 강조한다. 요한은 예수님의 계시를 일곱 교회에 전달한 증인으로서(계 1:2), 교회가 당하는 박해에도 불구하고 온 세상에 도래한 천국을 강력하게 선포한 '참된 우레의 아들'이다.[38]

요한은 선교의 소명(missional calling)을 따라 증인의 사명을 수행했다. 요한은 예수님의 복음을 전파하다가 소아시아의 적지 않은 증인처럼 체포되어 고난을 당했으며, 밧모섬으로 추방되어 유배되었다(1:9). 하지만 추방과 유배라는 고난도 그의 증언 사역을 멈출 수 없었다. 바로 그 섬에서 계시를 받았고, 편지를 작성하여 일곱 교회에게 보냈을 가능성이 높기 때문이다. 추방의 이유를 밝히는 1:9에 비추어 볼 때, 요한은 체포되지 않았으며 밧모섬을 복음화하기 위해서 자원

---

37 M. Reasoner, "Persecution", in *Dictionary of the Later New Testament and Its Development*, ed. R. P. Martin and P. H. Davids (Leicester: IVP, 1997), p. 908.
38 Du Preez, "Mission Perspective in the Book of Revelation", p. 163.

하여 갔다는 주장은 억지다.[39] 요한과 마찬가지로 예수님을 증언하다가 고난을 당하고 순교한 성도가 있었다(참조. 2:13; 6:9; 20:4).

고난의 사도 요한이 쓴 계시록은 시편의 애가를 지은 시인들(시 13:1-2; 62:3; 74:9-10; 79:5 등)과 눈물의 선지자 예레미야(렘 4:21)의 대를 이어 '예언적 애가'(prophetic lamentation) 같은 요소를 지니고 있다.[40] 스캇스와 도일(R. Skaggs and T. Doyle)은 예언적 묵시서인 요한계시록의 애가적 특성을 다음과 같이 설명한다. (1) 애통하는 저자의 고난과 탄원(계 1:9; 6:9-10), (2) 심판받을 대적들의 악행 묘사(8-18장), (3) 애통하는 저자의 신원과 찬송(12:10-12; 19:1-6). 요한과 1차 수신자들은 하나님을 거역한 자들로 인해 고난을 당하면서 애통하며, 공의로운 주님께 신원해 달라고 간청하며 미리 찬송한다.

예수님의 고난과 승리는 밧모섬에 유배된 요한과 그의 목회적 돌봄 하에 있던 일곱 교회의 선교를 위한 근거이자 모델과 같다(3:21; 11:15; 12:10-12). 성부께서 어린양을 보내셔서 붉은 용을 이기셨듯이(12:7-9), 예수님은 자신의 양들을 이리들 가운데 보내셔서 자기희생이라는 방식으로 하나님의 자녀로 만드신다(12:11).[41]

요한은 작은 두루마리를 먹고 '반드시 다시'(δεῖ πάλιν) 온 세상에 예언하며 전도해야 했다(10:8-11).[42] 여기서 '작은 두루마리'(βιβλαρίδιον,

---

39 J. W. Webb, "Suffering", in *Dictionary of the Later New Testament and Its Development*, ed. R. P. Martin and P. H. Davids (Leicester: IVP, 1997), p. 1137.
40 Skaggs and Doyle, "The Apocalypse of John: A Lament?", pp. 3-7, 18.
41 Sauer (ed.), *Bad Urach Statement*, p. 14.
42 화이트(Allen White)와 밀러(William Miller)를 따르는 재림교회 학자들은 이 작은 두루마리의 내용을 다니엘 12:4에서 예언한 내용이라고 주장하면서 요한계시록

10:10)는 어린양께서 보좌 위의 성부로부터 받은 통치 계획을 담은 두루마리와 동일하다(5:8). 그런데 요한은 많은 백성, 민족, 언어, 나라를 '반드시'(δεῖ) '처서'(ἐπί) 예언해야, 즉 하나님의 구원과 더불어 심판을 통한 통치를 예언해야 한다(10:11).

일곱 별, 즉 일곱 교회의 지도자들은 요한계시록 말씀을 먼저 자신에게 적용해야 했다(1:20; 2:1, 8, 12, 18; 3:1, 7, 14). 소아시아 여러 가정 교회의 지도자인 목회자는 사도 요한의 선교 활동 중 특히 고난의 길을 함께 걸어야 했다. 사도 요한이 참되고 충성된 증인이신 예수님을 따랐기에, 일곱 교회의 사역자들이 따라야 할 모델에 요한이 있었다. 하나님 나라를 위해 환난과 참음에 동참하는 사역자들의 협력은 선교적 선순환을 가지고 올 것이다(1:9).

소아시아 일곱 교회의 선교와 고난

요한공동체는 요한복음, 요한서신, 요한계시록의 1차 독자다. 요한복음에서 요한공동체는 '모세의 제자'(μαθητὴς Μωϋσέως)라 불린 회당의 박해를 받았다(요 9:22, 28). 요한서신에서 요한공동체는 '적그리스도'(ἀντίχριστοι)인 가현설주의자들과 대결하고 있었다(요일 2:18). 요한

12:17의 "계명"(ἐντολή)과 연결한다. 결국 재림교회 교인은 작은 두루마리의 내용을 예수님의 재림 직전에 나타난, 십계명과 예수님의 사랑 실천에 대한 계명이라고 추정한다. 하지만 이 해석은 요한계시록 1:1의 "반드시 속히 일어날 일들"(ἃ δεῖ γενέσθαι ἐν τάχει)과 맞지 않으며, 다니엘 12:4이 요한계시록 10:8-11과 12:17의 간본문인지도 의문이다. 반대 의견은 재림교회 역사신학자 G. R. 나이트(Knight)의 "The Controverted Little Book of Revelation 10 and the Shape of Apocalyptic Mission", *Journal of the Adventist Theological Society* 28/1 (2017), pp. 156-160를 보라.

계시록에서 요한공동체는 요한복음과 요한서신의 공동체가 직면한 문제들을 통합한다. 소아시아의 요한공동체인 일곱 교회는 음녀 바빌론(계 17-18장)과[43] '사탄의 회'(συναγωγὴ τοῦ σατανᾶ)로 전락한 유대인들(2:9)과 종교 혼합주의적인 초기 영지주의자들과 맞서야 했을 뿐 아니라(2:14-15, 20), 물리적 박해를 자행한 로마 제국의 폭력에 직면했다.

소아시아의 일곱 교회는 세상에 존재하는 보편적인 공교회이지 분파나 게토가 아니다. 그들은 요한계시록 2-3장의 일곱 편지의 결론마다 하나의 교회처럼 함께 언급된다(2:7, 11, 17, 29; 3:6, 13, 22). 그들은 이웃 교회들의 고난을 동정하며 자신의 일로 여겨 동고동락해야 했다. 구약 예루살렘 성소의 등잔 줄기가 여섯 가지와 연결되었듯이 그들도 하나의 교회여야 했다(출 25:32-36). 일곱 교회는 온 세상의 촛대이신 예수님의 생명의 빛을 증언해야 했다(요 8:12; 14:6).[44] 그리고

---

[43] 여러 교부(이레나이우스, 테르툴리아누스, 히폴리투스, 빅토리누스)는 환난 후 휴거를 믿는 전천년주의자들로서, 요한계시록 13:1-10의 바다짐승을 유대인 가운데 거짓 메시아로 자처한 적그리스도로 보았다(살후 2:2). 테르툴리아누스, 히폴리투스, 빅토리누스는 '음녀 바빌론'을 도시 로마 혹은 로마 제국으로 보았다. 그런데 유대인(단 지파) 출신 적그리스도가 로마 제국을 통치하리라는 주장은 다소 의아하며, 역사적으로 로마 제국은 패망했기에 교부들의 주장은 설득력을 잃고 말았다. 반면, 구약 간본문(사 1:10; 렘 2:2; 겔 16장)과 요한계시록의 내적 간본문(계 11:8) 등을 고려하여 음녀를 예루살렘으로 간주하는 이들로는 요한계시록의 이른 연대를 지지하는 러셀(J. Stuart Russell, 1878), 젠트리(K. L. Gentry), 칠턴(D. Chilton), 더마(G. DeMar), 테리(M. S. Terry), 스프롤(R. C. Sproul), 해네그라프(H. Hanegraaff), 포드(J. M. Ford), 이상주의자 밀리건(W. Milligan, 1883) 등이다. 댈러스 신학교의 미래주의자 번스(J. L. Burns)에 동의하면서 음녀를 대환난기 동안 배교할 예루살렘이라고 주장한 경우는 후기 연대와 미래적 해석을 지지하는 P. Tanner, "Apostate Jerusalem as Babylon the Great: Another Look at Revelation 17-18" (Paper presented at ETS SW Regional Conference, Fort Worth, March 31, 2017), pp. 3-20를 보라.

[44] H. Stander, *Simbole: Veilig of Gevaarlik?* (Kaapstad: Struik Christelike Boekke, 2000), pp. 28-29.

제사장 나라로서 임금들의 머리이자 만왕의 왕이신 예수 그리스도의 통치를 모든 영역에 증언해야 했다(계 1:5-6; 19:16). 그들은 신앙을 사사화하거나 내면화하는 데 머무르지 않았기 때문에 고난과 박해를 당했다.[45] 공교회의 일치된 복음 증언 사역은 백마 타신 예수님을 따르는 단수형 '군대'(στράτευμα)에서 볼 수 있다(19:19). 다수의 군대들(στρατεύματα, 계 19:14)로 구성된 보편 교회의 공공선교적 활동은 마치 하나의 군대처럼 일사불란한데, 이는 총사령관이 온 교회적인 분이신 예수님이기 때문이다. 이에 반해, 바다짐승을 추종한 세력들은 복수 명사 '군대들'(στρατεύματα)로서 그 성격상 다수지만 이질적이며 혼성적이다.

니골라당의 미혹에 넘어간 버가모교회의 남은 자와 같았던 충성된 증인 안디바는 순교했다(2:13). 큰 도시였던 버가모에는 하나님의 보좌를 모방한 '사탄의 보좌'(ὁ θρόνος τοῦ σατανᾶ)가 있었는데, 바로 산 위에 자리 잡은 많은 신전이었다. 안디바처럼 목 베임을 당한 성도는 선교의 수단 가운데 가장 궁극적인 형태인 순교를 경험했다(6:9-10; 20:4).[46] 사탄의 회의 고발과 살해(2:9; 3:9; 18:24), 그리고 사탄의 하수인으로서 무시무시한 권세를 가진 바다짐승의 박해는 분명 일곱 교회를 두려움으로 몰아넣었다(13:1; 17:3). 요한계시록의 순교적 특징을 파악하기 위해 이를 마카베오서에 나타난 순교와 비교해 보면 흥미롭다. 마카베오서에서 순교의 요소는 정결한 음식에 대한 율법 준

45　Chilton, *The Days of Vengeance*, pp. 63-64.
46　Sauer, "Theology of Persecution and Martyrdom", p. 271.

수(2마카 7:2), 헬레니즘이라는 혼합주의에 대한 저항, 언약 백성의 범죄에 대한 하나님의 형벌(2마카 7:32), 남을 위한 속죄(2마카 7:38), 부활과 새 창조와 악을 심판하심으로써 도래하는 하나님의 신원이다(2마카 7:14).[47] 하지만 요한계시록에서 순교는 순교자의 범죄에 대한 심판이나 코셔(kosher) 율법에 대한 충성, 남을 위한 속죄라는 의미를 나타내지 않는다. 오히려 요한은 순교를 어린양의 속죄의 은혜를 입은 성도가 상급과 부활이라는 신원을 소망하면서 하나님의 말씀에 충성하여 목숨을 다해 혼합주의를 거부하는 것으로 설명한다(계 20:12-13; 22:12).

그런데 요한계시록의 독자들이 당한 고난과 박해의 특징은 기록 연대와 맞물린다. 소아시아 일곱 교회는 언제, 누구로부터, 어떤 박해와 고난을 받았는가? 요한계시록 연구에서 불신 유대인들이 가한 박해는 오래전부터 제대로 주목받지 못했는데, 현대 연구에서도 마찬가지다.[48] 요한계시록의 이른 기록 연대는 도미티아누스가 아니라

---

[47] 참조. B. C. Blackwell et al. (ed.), *Reading Revelation in Context: John's Apocalypse and Second Temple Judaism* (Grand Rapids: Zondervan, 2019), pp. 68-69.

[48] 오늘날 요한계시록의 기록 연대 및 박해의 성격에 관한 연구는 100년 전 보타우(C. W. Votaw)의 주장과 유의미한 차이가 없다. 사도 요한 저작성과 후기 연대를 주장하는 보타우의 주장과 특징은 몇 가지로 요약된다. (1) 보타우는 내용이 모호하여 논란이 되는 이레나이우스의 『이단에 반박하여』 5.30.3에 기초하여 동시대의 여러 학자와 더불어 도미티아누스의 전면적 박해를 긍정한다. 보타우는 네로의 박해를 간헐적이며 국지적이라고 본다. (2) 유대인들이 일곱 교회를 박해한 것은 맞지만, 그리스도께서 유대인들을 속히 심판하셨는지는 설명하지 않는다. (3) 요한계시록 18-19장을 그리스도께서 로마 제국을 속히 정복하는 사건이라고 보지만, 그것의 역사적 성취는 언급하지 않는다. (4) 요한계시록 7:14에 따르면, 대 환난을 벗어나 하늘 본향으로 올라간 성도가 있는 반면 그렇지 못하여 박해를 당하는 성도를 위로하기 위해 요한계시록이 기록되었다. (5) 요한계시록 21:1-2은 악한 세상의 갱신이 아니라 파괴

네로 치하에서의 박해 상황을 염두에 둔다. '주와 신'(dominus et deus)으로 불렸던 도미티아누스는 '제2의 네로'이며, 그는 제국의 그리스도인이 아니라 자신의 정적을 처단하는 데 주력했다(참조. 테르툴리아누스의 『변증서』 5.4).[49] 그러나 네로는 황제 숭배를 강요했으며, 로마 도시를 넘어 전체 제국에 직간접적 박해를 시행했다.[50]

를 가리킨다. (6) 보타우는 요한계시록의 이상주의적 해석, 미래적 해석, 세상-교회적 해석을 1세기와 무관한 비학문적 해석으로 일축하고, 과거적 해석을 '학문적 해석'이라고 명명한다. 이러한 보타우의 주장을 세 가지로 비평해 보자. (1) 후기 기록 연대를 주장하기 위해 이레나이우스의 『이단에 반박하여』의 관련 구절을 철저히 검토하지 않았기에, 도미티아누스의 전면적 박해에 대한 역사적 사실성을 검토하지 못한다. (2) 보타우의 마지막 주장은 보타우의 두 번째 주장 및 세 번째 주장과 상충한다. 과거론은 요한계시록의 예언이 1세기 상황 속에서 성취된 점에 주목하지만, 보타우는 유대인들의 박해의 성격은 물론 예수님이 유대인과 로마 제국을 역사적으로 어떻게 심판하셨는지 언급하지 않기 때문이다. 그리고 보타우가 그 당시의 세대주의의 영향을 받아 휴거를 염두에 두는 네 번째 주장도 비학문적인 미래적 해석에 어울린다. (3) 보타우는 다섯 번째 주장에서 세상의 파멸을 주장하는데, 그 근거는 세상 갱신을 반대하는 극단적 유대 묵시 사상과 요한계시록의 유사성이다. 하지만 요한계시록은 유대 묵시 사상과 여러 면에서 차이를 보인다(예컨대 익명성, 철저한 이원론, 현실 염세주의). C. W. Votaw, "The Apocalypse of John: IV-Its Chief Ideas, Purpose, Date, Authorship, Principles of Interpretation, and Present-Day Value", *The Biblical World* 32/5 (1908), pp. 315-326. 보타우와 유사한 최근 독일 신학계의 의견은 M. Mayordomo, "Gewalt in der Johannesoffenbarung als Theologisches Problem", in *Die Offenbarung des Johannes. Kommunikation im Konflikt*, ed. Karl Rahner und Heinrich Schlier (Freiburg: Verlag Herder, 2013), pp. 107-136인데, 소아시아에서 황제 숭배를 거부하는 것은 음녀 바빌론인 로마 제국과 결탁한 도시의 집권층과 권력 구조에 대한 비폭력적이지만 적극적인 저항이었다고 주장한다. 따라서 하나님의 주권을 통해 고난받는 교회에 소망을 제공하는 요한계시록은 묵시적 폭력(apocalyptic violence)을 통한 '혁명적 천년왕국 운동'(revolutionary millennialism)을 반대한다. 하지만 요한계시록의 상황을 단지 황제 숭배로만 파악하기는 어렵다.

49 K. L. Gentry Jr., *The Divorce of Israel: A Redemptive-Historical Commentary on the Book of Revelation*, Volume 1 (Dallas: Tolle Lege, 2017), pp. 25-42.

50 송영목, "Before Nero's Death: Reconsidering the Date of the Book of Revelation", 「신약논단」 86(2016), pp. 35-61. 참고로 요한계시록의 이른 연대를 따른다면, 요한계시

이때 요한계시록 해석에서 명백히 강조되는 불신 유대인들의 박해를 놓치지 말아야 한다. 요한복음의 선교는 세상을 사랑하는 성부의 뜻을 받들어(요 3:16) 부활 승천하신 예수님이 주신 성령을 받아 복음을 증언하며, 성육신하신 예수님의 자기희생적 사랑의 모범을 성육신적 방식으로 실천하여 모세의 제자들을 하나님의 가족으로 인도하는 것이다(요 1:12; 17:20; 19:27; 20:21-22).[51] 요한복음에 나타난 선교에 대한 가르침은 요한계시록에 적용하는 데 무리가 없다. 요한계시록 메시지의 원천이신 성부께서는 역사의 주관자이시며 보좌 위에 앉은 분이시다(계 1:1, 8; 4:2). 예수님은 성부의 뜻을 따라 구원 사역을 이루셨다(1:5). 어린양 예수님은 일곱 영으로 복음 사역을 행하셨고, 승천하셔서 그 영을 교회에 부으셨다(5:6). 교회는 하나님의 가족이자 새 언약 공동체로서 사탄의 회를 하나님의 가족 안으로 인도해야 한다(20:3, 7).

탈무드에 따르면, 유대인들의 박해와 네로의 박해는 동전의 양면인데, 네로의 아내 포파이아 사비나(Poppaea Sabina)는 유대인들을 후원했고 사후에 유대인의 방식으로 장례되었으며, 네로도 유대교로 개종한 후 랍비 메이르(Meir)의 조상이 되었으며[52] 헤롯 아그립바 2세가 영토를 확장하도록 후원했다(『유대고대사』 20.8.4). 탈무드가 전

록은 짧은 시간 안에 이루어질 예루살렘 돌 성전의 파괴로 구심적 선교가 종식되고 온 세상의 선교가 본격화될 것임을 알린다.

51 S. Love, "The Mission of the Church in the Gospel according to John", *Missions and the Church* 7/1 (1999), pp. 15-17.
52 S. J. Bastomsky, "Emperor Nero in Talmudic Legend", *Journal of Jewish Quarterly* 59/4 (1969), pp. 321-325.

한 내용의 진정성 문제를 잠시 접어 둔다면, 네로의 친유대교 정책은 그의 치하에서 그리스도인이 박해를 받았음을 간접적으로 증명한다.

요한은 독자에게 '묵시적 위로'를 주는데, 환상이 제공하는 믿음의 상징 세계와 "속히"(계 1:1; 22:7)에 주목해야 한다. '보좌'(θρόνος)가 46회나 반복되는 요한계시록의 환상에서 중심은 천상의 보좌다(4-5장). 일곱 교회의 박해라는 현실과 달리, 보좌 환상에는 성부와 성자의 완전한 승리와 통치가 구현되었다. 환상의 세계는 독자에게 박해를 이길 수 있는 위로와 소망의 이유와 방법을 설명한다. 요한은 환기시키는 발화 효과적 힘(evocative perloucutionary effect)을 불러일으키는 환상과 시청각 이미지를 통하여 대부분 반드시 속히 일어날 하나님 나라에 대한 웅대한 이야기(grand story)를 뜨겁게 전달한다. 미지근한 내러티브를 전달하는 게 아니다.[53] 그리스-로마의 드라마나 연극에서는 해결하기 어려운 곤경의 상황을 외부의 힘이 타개하는데, 이때 주로 신이 등장한다. 이렇게 간혹 등장하는 기법을 '기계로부터의 신'(deus ex machina)이라 부른다.[54] 그러나 요한계시록의 환상은 시종일관 일곱 교회와 함께하시는 처음과 나중이신 예수님이 주인공으로서 자신의 역할을 담당하신다(1:13, 17-18; 21:6). 묵시 사상의 중요한 특징은 신의 부재와 악의 승리로 인한 비관주의(pessimism)이지만, 요한계시록에서는 그리스도의 지속적인 현존 덕분에 소망주의

---

[53] S. Rosell, "John's Apocalypse: Dynamic Word-Images for a New World", *HTS Teologiese Studies* 67/1 (2011), p. 2.

[54] Rosell, "John's Apocalypse", p. 4.

(spessimism)를 가르친다.[55] 비관과 낙관의 거리는 's' 하나뿐이다.

짐승 같은 인간으로서 '666'(ἑξακόσιοι ἑξήκοντα ἕξ)으로 상징된 6대 황제 네로(13:18; 17:10)는 죽기 전에 스스로를 신격화하여 황제 숭배를 강요했다.[56] 그리고 음녀 바빌론은 '사탄의 회'(2:9; 3:9), '그 땅에서 올라온 짐승'(θηρίον ἀναβαῖνον ἐκ τῆς γῆς, 13:11), 바다에서 올라온 짐승 앞에서 이적을 행하던 '거짓 선지자'(ὁ ψευδοπροφήτης)라 불린다(19:20). 사탄의 하수인인 로마 제국과 배교한 유대인들의 위협으로 인한 소아시아 일곱 교회의 고난은 경제적 손실도 초래했다(13:17; 18:12-13). 종교와 경제가 연결된 제국에서 이런 고난을 극복하는 해결책은 무엇인가? 상징 세계에 나타난 것처럼 하나님의 통치를 신뢰하면서, 성만찬 예배에 참여하여 그리스도의 몸과 공동체적으로 강하게 연합하면서 선교적 각오를 다지고(3:20),[57] 충성되고 신실한 어린양의 발자취를 따르고(14:1), 일곱 영의 위로와 도움을 받고(5:6), 하나님의 가

---

[55] 참조. Meiring, "An Apocalyptic Agenda for Mission in Our Time", p. 3.

[56] 유대인 그리스도인인 요한이 기록한 요한계시록 13:16의 '오른손'은 황제가 새겨진 주화를 붙잡은 것을 염두에 두고, 13:17의 화폐 용어인 바다짐승의 '표'(χάραγμα)가 없이는 매매 행위가 금지된 상황은 네로가 임명한 총독 케스티우스 갈루스의 명령으로 65-66년에 팔레스타인에서 있었던 인구 조사에 참여한 사람들만 경제 활동을 할 수 있었던 역사적 사실(『유대전쟁사』 6.9.3)을 가리킨다는 주장은 요한계시록의 초기 연대를 지지하는 D. F. Taylor, "The Monetary Crisis in Revelation 13:17 and the Provenance of the Book of Revelation", *CBQ* 71/3 (2009), pp. 580-581, 593-595를 보라. 테일러처럼 요한계시록이 주후 70년 이전에 기록되었다고 보는 학자들은 벨(A. A. Bell Jr.), 판 데르 발(C. van der Waal), 애덤스(J. E. Adams), 스몰리(S. S. Smalley), 포드, 스프롤, 매티슨(K. A. Mathison), 젠트리, 칠턴, 라잇하르트(P. J. Leithart), 슬레이터(T. B. Slater), 로하스-플로레스(G. Rojas-Flores), 윌슨(J. C. Wilson) 등 많다.

[57] K. Whiteman, "Blessed is the Kingdom: The Divine Liturgy as Missional Act", *Asbury Journal* 74/2 (2019), pp. 327-329.

족으로서 "진리의 말씀 안에서의 서로 사랑하라"는 가훈에 맞추어 사는 것이다(1:5; 12:11; 21:3, 9-10; 참조. 요 15:12).[58] 그리고 신실함은 어린양의 신부와 하나님의 자녀에게 기대되는 덕인데, 특히 그것은 고난과 시련과 박해와 죽음에 직면할 때 인내하며 믿음을 지키는 자질이다(살후 1:4; 히 10:32; 벧후 1:5; 계 2:10; 13:10).[59] 죽기까지 충성하는 신실한 성도에게 주님은 승리의 면류관을 주신다(계 2:10).

서두에서 언급한 『바트 우라흐 선언서』에 따르면, 종교 박해의 네 가지 원인은 다음과 같다. (1) 종교적 극단주의는 종교적 강경파들이 그리스도인을 자신의 종교를 모욕하는 적으로 보도록 만드는데, 군사력으로 기독교를 박해하는 경우다. (2) 전체주의적 불안정은 자신들이 아니라 하나님과 연합하는 그리스도인의 존재에 의해 위협을 받는 상태에서 나타난다. (3) 종교적 국가주의는 특정 영토를 거룩하게 여겨 소수의 타 종교를 추방하는 종교적 극단주의자들에게서 나타난다. (4) 세속적 무관용은 무신론적 엘리트가 모든 종교적 표현을 사적 영역으로 몰아붙이는 데서 나타난다.[60] 이 네 가지 종교 박해의 원인은 요한계시록의 경우에도 해당하는가? 두 가지가 그렇다. 첫째, 네로는 기독교가 황제 숭배를 모욕하고 이에 도전한다고 간주하여 박해했다(원인 1). 둘째, 네로는 예수님을 '주'와 '신의 아들'로 믿고 연합하는 그리스도인들을 용납할 수 없었다(원인 2). 네로는 즉위

---

58 송영목, "요한문헌의 고난", 『고난과 선교, 어떻게 설교할 것인가?』, 한국동남성경연구원 편집(서울: SFC출판부, 2021), p. 238.
59 Sauer (ed.), *Bad Urach Statement*, p. 66.
60 같은 책, p. 18.

하자마자 글라우디오 황제가 추방한 유대인 그리스도인을 로마로 돌아오도록 허용했기에 원인 3은 요한계시록 수신자에게 해당된다고 보기 어렵다. 아울러 로마 제국에서는 다신교를 허용했기에 원인 4는 요한계시록의 역사적 배경과 맞지 않다.

『바트 우라흐 선언서』에서는 공관복음서의 작은 계시록(mini Apocalypse, 마 24장; 막 13장; 눅 21장)과 정경의 결론인 요한계시록을 언급하면서 예수님의 재림 전 상황을 선교 및 적그리스도의 박해와 관련하여 다음과 같이 이해한다. "가장 고통스런 갈등의 형태는 거짓 형제들이 교회 안에서 활동하여 박해로 이끄는 것이다. 성경에서는 종말 때의 대규모 배교를 언급하는데, 적그리스도가 그리스도인 공동체의 많은 구성원을 속이는 데 성공할 것이다(마 24:10-12, 24; 계 13:3-4)."[61] 그런데 『바트 우라흐 선언서』에서는 '적그리스도'를 사도 요한 당시의 가현설주의자로 규정하지 않기에(요일 2:18-19; 요이 7절) 이를 미래의 종말의 때에 활동할 미혹의 세력이라고 잘못 해석한다. 요한계시록에서는 "반드시 속히"라는, 해석을 위한 시간 지침을 제시한다. 따라서 요한의 환상을 미래와 관련하여 해석할 게 아니라 먼저 과거와 관련하여 이해하도록 집중해야 한다.

두 증인과 14만 4,000명의 선교와 고난

두 증인은 복음을 전하는 모든 그리스도인을 가리킨다(계 11:3-13). 두 증인은 하나님의 전권 대사로서 기적을 행했고(13:5-6), 순교조차

---

61 같은 책, p. 36.

마다하지 않았다. 그들이 고난을 통과하는 믿음은 희생적인 선교적 영성(missional spirituality)으로 나타났는데, 실제로 그리스도인의 피는 씨와 같다(참조. 히 13:27; 테르툴리아누스의 『변증서』 50.13).[62] 그렇다고 두 증인은 무모한 선교적 영웅주의에 빠져 순교를 미화하지 않았다. 예루살렘에서 처형되신 예수님의 전철을 따라 두 증인이 소돔과 애굽과 같이 타락한 지역에서 순교한 이유는 미래에 대한 예언(foretelling)보다는 현재적 증언(forthtelling) 때문이다(계 11:7-8).[63] 이 사실은 현 시대의 죄악을 비판하는 선지자적 기능이 선교에서 빠질 수 없음을 의미한다. 두 증인은 모든 복음 전파자, 곧 만인 선지자들을 상징하기에(참조. "선지자들", 10:7; 11:18; 16:6; 18:20, 24; 22:6, 9), 성도를 가리키는 14만 4,000명과도 관련 있다. 큰 환난을 통과한 14만 4,000명이 어린 양을 따를 때, 선교 중 고난은 그들의 제자도를 구현하는 삶의 일부와 같다(7:14; 14:1). 두 증인은 누룩의 발효시키는 힘을 미리 맛보았는데, 장차 가루 전체가 부풀어 갱신될 것이다.[64] 14만 4,000명은 성부와 성자의 위엄과 능력 아래에서 매일 패배당한 악의 세력과 싸우려는 결단의 순간에 서 있는데, 이 사실을 요한계시록 14장의 근접 문맥에 나타난 교차 대칭 구조를 통해 확인할 수 있다.[65]

62　Van der Merwe, "Perseverance through Suffering", p. 333. 참고로 『21세기 찬송가』 318장 1절 가사는 "순교자의 흘린 피가 역사 속에 맥박치고 전도자가 뿌린 복음 우리 강산 밝히었다. 초대 교회 귀한 믿음 이어받아 충성하고 선진들의 값진 희생 열매 맺어 보답하자"다.
63　N. Botha, "Mission as Prophecy: Reading the Apocalypse as Forthtelling rather than Foretelling", *Missionalia* 33/2 (2005), pp. 315-328.
64　Rosell, "John's Apocalypse", p. 4.
65　M. V. Lee, "A Call to Martyrdom: Function as Method and Message in Revelation",

A. 하나님의 대적이 받은 심판과 패배: 미가엘이 용을 땅으로 던짐 (12:7-18)

B. 결단의 순간: 바다짐승과 그의 추종자들(13:1-18)

B´. 결단의 순간: 어린양과 그의 추종자들(14:1-20)

A´. 하나님의 대적이 받은 심판과 패배: 일곱 대접의 심판(15:1-16:20)

요한계시록 14장에서는 14만 4,000명이 나온 다음에 인자이신 예수님이 알곡을 추수하시는 환상이 소개되는데, 이는 요한계시록의 선교 내러티브 전개에서 중요하다(14:14-16). 14장 문맥에 따르면 구름 위에 앉으신 인자께서는 다니엘 7:13-14의 고기독론적 예언을 성취하셔서, 성부에게서 받은 전권을 14만 4,000명에게 주셔서 영적 추수를 위해 파송하신다. 어린양을 따르는 전권 대사들에게 고난은 수동적으로 인내하는 대상에 그치지 않고, 악함 가운데서 사탄과 짐승들의 세력을 심판하시는 예수 그리스도께 죽기까지 순종하며 최후 승리를 믿고 전진하는 데 걸림돌이자 자극제가 된다(계 13:10; 14:12-13).[66] 이런 차원에서 볼 때, "고난을 이기는 궁극적 방법은 악의 세력과 타협의 고리를 끊는 것을 넘어 타협의 대상을 무력화하는 것이다. 요한계시록의 독자들은 의로운 고난을 수동적으로 견딜 뿐만 아니라, 그런 희생자들을 필요로 하는 사회에 능동적으로 저항함으로써 고난을 이기도록 요청받는다."[67] 악의 세력을 무력화하고 그

Novum Testamentum 40/2 (1998), p. 174.

66 Sauer (ed.), *Bad Urach Statement*, p. 14; Lee, "A Call to Martyrdom", p. 178.

67 한철흠, "요한계시록의 영성 치료: 고난을 이기는 영성", 「선교와 신학」 41(2017), p.

것에 저항하는 일은 비폭력적인 것, 감동과 영향을 통해 치유하는 것이다(참조. 22:2).

14만 4,000명은 어린양께서 자신들에게 흰옷, 즉 거룩한 행실을 주셨음을 염두에 두면서 고기독론적이고 선교적인 송영(missional doxology)을 드린다(7:10, 12-14; 19:8).[68] 보좌 위의 성부와 마찬가지로, 어린양은 구원, 찬송, 영광, 지혜, 감사, 존귀, 찬송, 힘을 받기 합당하시다(7:14). 14만 4,000명은 보좌 위의 유다 지파가 아니라 어린양에게 찬송을 드린다(참조. 5:5). 성부 하나님의 고난받는 종이신 어린양은 자신의 피로 14만 4,000명을 흰옷 입은 승리자로 만드셨다(3:5; 7:14; 참조. 빌 2:8, 17). 성부의 파송을 받은 어린양은 죽기까지 선교를 성취하신 후 성부에게로 돌아가셔서 14만 4,000명의 선교적 송영을 함께 받으신다(참조. 빌 2:10). 선교적 송영을 부르는 성도는 어린양에게 속해 있기에, 어디든 어린양을 따라갈 선교적 각오를 다져야 한다(계 14:4).

새 예루살렘성의 선교와 고난

두 증인, 14만 4,000명, 거룩한 새 예루살렘성(ἡ πόλις ἡ ἁγία Ἰερουσαλὴμ καινή)은 동일한 하나님의 백성을 가리킨다. 요한계시록 21-22장에서 피날레를 장식하는 건축물 이미지로 특이하게 언급된 새 예루살렘성은 요한계시록의 전체 환상 중에서 독자들이 경험한 고난과 혼

556.
[68] 참조. J. Purves, "The Missional Doxology of the Philippian Hymn", *Baptistic Theologies* 3/1 (2011), pp. 24-30.

란을 최종적으로 해결하는 역할을 한다. 새 하늘과 새 땅 안에 위치하는 새 예루살렘성은 '궁극적 승리를 알리는 절정'과도 같은 짙고 두꺼운 상징(tensive symbol)이다.[69] 새 예루살렘성은 예수님을 신랑으로 모신 신부(νύμφη)인데, 사랑과 친밀함과 결실과 새로움을 경험하기에 고난을 극복할 수 있다(19:7-9; 20:9; 21:2, 9; 22:17).[70] 종말론적 성전 공동체(1:6; 5:10; 21:16, 22)인 새 예루살렘성은 24시간 성문이 동서남북으로 열려 있는 선교 공동체다(21:25; 참조. 사 49:18).[71] 만국을 치유해야 할 선교 공동체는 먼저 신랑 어린양의 혼인잔치에 참여하여 은덕을 다시 입어야 한다(계 19:9; 22:2). 성도는 자신을 단장하고, 빛난 세마포 옷을 입은 후 세상 속으로 파송된다(12:1; 19:9; 21:2; 참조. 사 61:10; 롬 14:13; 갈 3:27; 골 3:8). 그런데 의의 옷이 더럽혀지면 어린양의 피로 다시 세탁해야 한다(계 22:14). 만국은 어린양의 등불 빛이 비치는 새 예루살렘성 안으로 들어올 텐데, 이를 위해 교회는 빛의 행실을 갖추어야 한다(21:23-24; 참조. 사 60:3; 『베냐민의 유언』 9:2; 『시빌의 신탁』 3:772; 『솔로몬의 송가』 17:32).[72] 어린양의 신부에게 나타난 정결함과 생산성으로부터 선교의 많은 열매와 승리의 종말론(eschatology

---

[69] C. Deutsch, "Transformation of Symbols: The New Jerusalem in Rv 21:1-22:5", *Zeitschrift für die Neutestamentliche Wissenschaft und die Kunde der Älteren Kirche* 78/1 (1987), pp. 125-126.
[70] 같은 글, pp. 112-113.
[71] 참조. 같은 글, p. 114.
[72] 같은 글, p. 121. 참고로 만국이 새 예루살렘성으로 들어오는 것(계 21:24)은 교회가 다양한 문화와 종교에 관대해야 함을 가르친다며 종교 혼합적으로 이해하는 경우는 R S. Heaney, "Public Theology and Public Missiology", *Anglican Theological Review* 102/2 (2020), p. 210를 보라.

of victory)을 엿볼 수 있다.⁷³ 새 예루살렘성을 미혹하고 박해한 세력은 두려워하는 자들, 믿지 않는 자들, 혐오스러운 자들, 살인자들, 음행과 점술을 행하는 자들, 우상숭배자들, 거짓말쟁이들이다(계 21:8, 27). 일곱 교회 가운데 불신 유대인과 로마 제국의 박해를 두려워하여 불신자로 변절하여, 어린양께서 혐오하시는 살인과 음행과 점술과 우상숭배와 거짓말을 일삼은 자들이 있었을 것이다. 예수님의 재림 이전까지 새 예루살렘성, 곧 신부인 교회는 이런 자들에게도 선교의 문을 열어 두어야 한다.

지난 세기 중엽에 요한계시록의 선교를 연구하여 박사 학위를 취득한 두 프리에(J. du Preez)는 어린양의 신부이자 성부의 자녀인 교회의 선교를 다음과 같이 설명한다.⁷⁴ (1) '제사장 나라'(βασιλεία καὶ ἱερεύς)인 모든 성도는 예수님의 증인이다(1:6; 5:10; 12:11, 17; 17:6; 20:4). (2) 성부는 교회의 하나님이실 뿐 아니라, 독생자 안에서 '세상의 하나님'으로도 계시된다(참조. 요 3:16). 따라서 제사장 나라가 먼저 하나님 아버지를 잘 섬긴다면, 그들은 세상에 속하지 않고 세상을 위한 선교적 교회가 될 것이다(계 1:6; 5:10). (3) 어린양을 등불로 모시는 촛대와 같은 성도는 기도하며 세상에 복음의 빛을 반사하여 증언한다(1:20; 5:8; 21:23). (4) 교회의 선교는 하나님의 선교와 경쟁 관계에 있지 않고 하나님의 선교의 일부로서 그 안에 참여한다. 성령 충만한 가운데 기도하며 증인으로 살아 세상의 칭송을 들으며 부흥하던 초

---

73 Webb, "Suffering", p. 1137과 대조해 보라.
74 Du Preez, "Mission Perspective in the Book of Revelation", pp. 163-167.

기 예루살렘교회는 새 예루살렘성의 선교 중 고난에 대한 간본문이다(행 2-12장).

1세기 그리스-로마 세계의 중요한 문화적 가치인 명예와 수치, 정결과 부정, 제한된 재화, 후견인과 피후견인 관습에 비추어 요한계시록의 고난 중 선교를 이해하면 어떤 메시지가 도출되는가? 후견인의 호의를 입은 피후견인이 후견인의 명예로운 덕을 남에게 선전하는 것은 의무이자 명예로운 행동이다. 후견인의 은혜를 갚는 것은 굉장한 미덕이지만, 하나님과 사탄처럼 원수 관계에 있는 두 경쟁자를 동시에 후견인으로 삼을 수는 없다.[75] 요한계시록의 고난 중 선교에 적용해 보면, 성부께서 중보자 예수님을 통해 구원의 은덕을 피후견인인 소아시아 일곱 교회에 주셨기에 일곱 교회는 이 사실을 온 세상에 널리 전해야 한다는 것이다. 고난을 무릅쓰면서 후견인의 덕을 전하고 중보자에게 감사하는 일은 명예로운 행위다(참조. 행 5:41).[76] 그런데 참후견인이 아닌데도 '가장 위대한 후견인'과 제국 가족의 '아버지'를 자처한 로마 제국의 황제는 일곱 교회의 후견인 행세를 하면서 하나님의 덕을 전하는 일을 반대했다.[77] 일곱 교회는 로마 제국의 거짓 후견인 행세를 거부해야 했으며, 하나님께 돌려야 할 명예를 로마 제국에 돌릴 수 없었다. 비가시적 명예의 양이 제한되기 때문이다. 아버지 하나님의 얼굴은 성자 예수님 안에서 빛나는 사람의

---

[75] 참조. 데이비드 A. 드실바, 『문화의 키워드로 신약성경 읽기』, 김세현 옮김(서울: 새물결플러스, 2019), pp. 156-163.
[76] 참조. Sauer, "Missio Dei and Compassio Dei", p. 22.
[77] Boshoff, "Pax Romana as Agtergrond van die Christelike Kerugma", pp. 4-5.

얼굴이 되었다(계 10:1). 이런 하나님의 얼굴을 피하는 일은 심판이자 수치다(6:16).⁷⁸ 하나님의 얼굴에서 나오는 은혜와 평강의 빛을 받아 사는 성도는 하나님의 얼굴을 피하는 사람들을 찾아 나서야 한다 (민 6:24-26; 계 1:4-5; 21:23).

요약 및 소결론

사도 요한, 소아시아 일곱 교회, 두 증인, 14만 4,000명, 새 예루살렘 성은 선교 공동체인데, 공통적으로 하나님의 주권적 통치를 믿고 고난 가운데서도 인내해야 했다(계 1:9; 2:7, 10, 11, 17, 25-28; 3:5, 11-12, 21; 14:12; 16:15; 21:7-8; 22:11).⁷⁹ 고난이 귀먹은 세상을 깨우는 확성기라면, 요한계시록의 하나님의 심판 시리즈에서 악인들이 당한 고난은 하나님의 능력을 현시하고 회개를 촉구하는 수단이었다. 따라서 악인들이 당하는 심판과 고난도 선교적 차원으로 이해해야 한다(9:20; 11:13; 16:11).

사도 요한은 삼위 완결적(Trinititelic) 공공선교 해석가다. 먼저 요

---

78 J. Georges, "Get Face! Give Face!: A Missional Paradigm for Honor-Shame Contexts", *Evangelical Missions Quarterly* 53/3 (2017), pp. 2-6.
79 신약성경에는 인내와 관련한 구절이 많다(마 10:22; 24:13; 막 4:3-8; 13:13; 눅 10:42; 22:31-32; 요 6:37, 39-40; 8:31-32; 10:28-29; 15:4-5, 7, 9; 행 11:23; 13:43; 14:21-22; 롬 2:6-7; 8:30, 33-35, 37-39; 11:29; 고전 1:8-9; 15:1-2, 58; 16:13; 고후 1:21-22; 5:9, 15; 갈 5:1, 10; 6:9; 엡 4:14; 6:13, 18; 빌 1:6, 27; 3:16; 4:1; 골 1:10, 22-23; 2:7; 살전 3:8, 13; 5:21; 살후 2:15-17; 3:13; 딤후 1:12-13; 2:1-2, 12; 3:14; 4:18; 딛 1:9; 히 2:1; 3:5-6, 14; 4:14; 6:1, 11-12, 15, 17, 18; 10:23, 35-36; 12:1-13, 15; 13:9, 13; 약 1:4, 12, 25; 5:10-11; 벧전 1:4-7; 5:8; 벧후 1:10-11; 3:17-18; 요일 2:19, 27; 계 1:9; 2:7, 10-11, 17, 25-28; 3:5, 11-12, 21; 14:12; 16:15; 21:7-8; 22:11). Van der Merwe, "Perseverance through Suffering", p. 347.

한복음의 그리스도 완결적(Christotelic) 해석은 1차 독자에게 위로를 주었는데, 예수님이 십자가에서 죽으시고 부활, 승천하심으로써 그들의 구원이 성취되었기 때문이다. 요한복음은 삼위 하나님의 구원 사역을 '다 이루어진 것'(τετέλεσται)이라는 관점에서 기록한다(요 19:30). 요한복음은 하나님의 아들이신 그리스도께서 영생을 주신다는 복음을 그리스도 완결적이라기보다 삼위 완결적으로 설명한다(요 20:31). 요한계시록도 사탄의 삼위일체의 반선교적 활동에 맞서는(계 13장), 그보다 더 강력한 삼위 하나님의 복음과 은혜와 위로를 삼위 완결적으로 설명한다(1:4-6; 참조. 엡 1:3-14).[80] 이를 위해 요한계시록 1:4부터 삼위 완결적인 위로와 평강을 언급하며, 1:12-20의 시작 환상에서는 구원을 성취하신 그리스도의 사역(Christotelic works)으로 고난 중에 있던 독자를 위로한다. 특이하게도 요한은 예수님이 허리가 아니라 가슴에 금띠를 두르고 계시다고 언급함으로써 구원 사역의 성취를 강조한다(계 1:13). 계시 환상은 다니엘이 티그리스강에서 환상으로 보았던, 허리에 순금 띠를 띤 한 사람의 모습과 유사하지만 차이가 있다(단 10:4-10). 그리고 요한계시록 1:12-20의 계시 환상과 21:6의 현재 완료 능동태 직설법 3인칭 단수 동사 "이루었도다"(γέγοναν. 참조. 요 19:30의 τετέλεσται)는 인클루시오 구조를 이루어, 독자들이 요한계시록 전체를 그리스도 완결적으로 해석하도록 돕는다. 예수님이 구원을 성취하시고 성부에게로 떠나셨다는 사실은 제자들

---

80 참조. 송영목, "에베소서 1-2장의 3위 완결적 해석과 교회완결적 적용", 『교회와 문화』 16(2006), pp. 31-58.

이 수행할 선교의 기초인데(참조. 요 16:28; 17:18), 승천하신 주님은 교회의 선교적 기도(missional prayer)에 응답하셔서 그들을 보호하시고 선교라는 큰일을 계속해서 진행하신다(요 14:14; 17:15; 계 12:6, 17).[81]

전능하신 성부와 어린양은 성령의 전인 신약 교회의 참성전이실 뿐 아니라 등불도 되신다(계 21:22-23). 삼위 하나님은 성도의 거처이시며, 성도의 삶을 세상의 빛이 되도록 만드신다(참조. 요 17:21). 요한계시록에서 구약의 많은 암시는 예수님에 의해 성취되었다. 사도 요한은 예수님의 십자가 대속과 부활의 권능이라는 구속사가 성취되는 빛 아래서 구약 예언의 성취를 조망하도록 소아시아의 독자들을 초대한다.[82] 14:6-7에서 밝힌 대로, 영원한 복음의 세 가지 주제인 창조와 구원과 심판은 구약에도 나타난다(대상 16:26-36). 예수님은 새 창조자(계 21:5)와 구원자(1:5-6; 5:6)와 심판자(6:1; 20:13-15)로서 복음의 요소들을 종말론적으로 성취하셨다. 예수님이 성부의 구원을 성령의 능력으로 성취하셨기에, 승귀하신 주님은 금띠를 허리가 아니라 가슴에 두르신다(1:13).

그리스도인이 그리스도의 이름 때문에 치욕을 당하면 복이 있

---

81 참조. G. H. Smit, "Investigating John 13-17 as a Missional Narrative", *Stellenbosch Theological Journal* 1/1 (2015), p. 259. 요한복음 17장은 '대제사장적 기도'(high priestly prayer)라 불리지만, 17:18, 20, 23 등에 나타난 선교 명령 때문에 '대예언자적 기도'(high prophets' prayer)라 불러도 무방하다.

82 그리스도 중심적 해석에서는 예수님이 성경의 중심, 주제, 해석자라는 데 동의하고, 성자께서 성부 하나님을 주석하시고(참조. 요 1:18) 성부와 성령께서 예수님을 증언하신다는 점도 강조한다. 따라서 그리스도 중심적 해석과 삼위 중심적 해석은 서로 경쟁하지 않는다. C. Peppler, "The Christocentric Principle: A Jesus-Centred Hermeneutic", *Conspectus* 13/3 (2021), pp. 124-132.

는데, 영광의 영께서 바로 그 사람 위에 계시기 때문이다(참조. 벧전 4:14). 선교의 결말은 고난이 아니다. 성자의 이름 때문에 겪는 고난은 과정이며, 결국 그 선교는 성부에게 영광이 되도록 선교의 영이신 일곱 영께서 역사하신다. 따라서 삼위 하나님이 협력하셔서 고난을 통한 복된 선교로 마무리하시기에, 선교는 근본적으로 하나님의 선교다. 이런 복된 선교는 요한계시록의 일곱 복이 가리키는 바이기에, 일곱 복은 다름 아닌 완전하고 충만한 '선교적 복'(missional blessing)이다.[83] (1) 첫째와 여섯째 복에 따르면, 주일 공예배에서 낭독자의 말씀을 듣고 교회당 바깥에서 실천하는 선교적 교회는 복되다(계 1:3; 21:7). (2) 둘째 복에 따르면, 선교의 성령께서는 고난 중에 수고를 아끼지 않고 주 예수님 안에서 죽는 선교적 교회를 복되다고 인정하신다(14:13). (3) 셋째 복과 넷째 복에 따르면, 신랑 어린양께서 주신 깨끗한 옷을 입고 의로운 행실로 경성하며 잔치 가운데 살면 복되다(16:15; 19:8-9; 참조. 17:16의 벌거벗은 음녀). (4) 다섯째 복에 따르면, 사탄이 결박된 천 년 동안 성령 충만한 가운데 첫째 부활의 능력으로 성부와 성자의 제사장으로서 사는 성도는 복되다(20:2, 6). (5) 일곱째 복에 따르면, 알파와 오메가이신 예수님의 조속한 방문과 상 주심을 믿고 날마다 옷을 세탁하며, 즉 회개하며 회복된 낙원의 생명나무 과실로 영양을 섭취하는 성도는 복되다(22:12-15). 요한은 1차 독자들

---

[83] 요한계시록의 여섯 개의 인(계 6장)과 일곱째 인(계 8:1), 여섯 개의 나팔(계 8-9장)과 일곱째 나팔(계 11:15)이라는 6+1 구조에 착안하여 일곱 복을 6+1의 교차 대칭 구조로 파악한 경우는 D. Field, "The Seven Blessings of the Book of Revelation: A Brief Exegetical Note", *Foundations* 53 (2005), pp. 23-26를 보라. 그러나 필드는 일곱 복의 선교적 메시지를 언급하지 않는다.

을 첫 장에서부터 마지막 장까지 전개된 복된 내러티브 세계 안으로 초청하여 소망과 위로를 준다. 후견인이신 하나님이 피후견인인 자기 백성에게 주시는 복들은 수치가 아니라 명예이며, 피후견인이 고난 중에 그런 복에 부합하게 사는 것도 명예로운 일이다.

적용: 공공선교적 교회의 선교

10여 년 전부터 공공신학과 선교적 교회를 결합하여 공공선교를 구축하려는 시도가 있다. 요한계시록의 선교에 나타난 원칙을 공공선교적으로 적용하는 방향을 살펴보자.

교회가 연대하여 고난의 잔을 마시는 성육신적 선교 에토스

삼위 하나님의 새 창조라는 구원과 심판을 알리는 복음은 교회의 선교 활동의 기초이자 출발점이다. 소아시아의 일곱 교회는 공적 선교 공동체로서 고난 중에서라도 서로 격려하며 어린양을 따라야 했다. 오늘날 지교회는 교회의 보편성을 회복하여 연대함으로써 하나님의 새 창조 사역을 거스르는 악의 세력에 맞서야 한다. 선교적 교회에 무엇보다 필요한 것은 하나님의 주권을 신뢰하면서 고난을 이기는 영성이다.

고난에 대한 대처 방법에 따라 미래의 운명이 결정된다는 요한계시록에 담긴 지식은, 고난을 피하기 원하는 독자들의 감성적 영역과 의지적 영역을 성령의 관점에서 재구성함으로써 바른 신념과 바른 감성 및 바른 실천의 통합을 시도하고 있다.…로마 황제 카이사르의 주권 아래 박해를 받는 독자들에게 감성적이거나 의지적인 메시지를 전달하기에 앞서, 요한은 보이지 않는 하나님의 주권과 종말론적 구원 및 심판이라는 초월적 실체에 대한 비전을 전달함으로써 저자와 독자 사이에 공통의 지식을 구축한다.[84]

선교 사역에서 구주 예수 그리스도를 따르려면 몇 가지 통찰을 숙지할 필요가 있다. (1) 타인을 위해 고난을 당하는 것은 그리스도의 편에 서서 타인의 고난을 경감시키는 일이다. (2) 타인을 위해 고난을 당하는 것은 그리스도를 떠난 동료 인간들의 사악함에 희생되는 일이다. (3) 타인과 함께 고난을 당하는 것은 개인적으로 십자가의 길을 통하여 하나님의 큰일을 위한 연약한 도구와 더불어 길을 걷는 일이다.[85] 요한계시록에서는 소아시아 일곱 교회가 하나님의 큰일(*Magnalia Dei*)을 전하다가 당하는 영광스런 고난 속에서 서로 연대하여 고난을 경감시키는 데 관심을 보인다.

선교란 이 땅의 고난에 어떻게 참여해야 하는지를 묻고 직접 그 현장에 참여할 때에야 비로소 완성된다.…그 과정에서 선교신학은 전통적으로 이해했던 고통에 대한 질문을 변형하게 되는데…신정론이 '아니 왜 내게 이런 알 수 없는 고난이 닥치는가'를 둘러싼 불만과 회의로부

---

[84] 한철흠, "요한계시록의 영성 치료: 고난을 이기는 영성", pp. 545, 547.
[85] Zorrilla, "Mission and Suffering: A Camouflaged Truth", p. 78.

터 시작된다면, 인정론은 '고난의 현장에서 내가 할 일은 무엇인가'라는 능동적이고 책임적인 현실 참여 의지의 표명으로 완결된다.[86]

요한계시록에서는 세상을 악한 것으로 여겨 부인하고 도피하라고 가르치지 않는다. 선교적 교회는 세상 속의 게토나 분파가 아니라 대안 공동체이자 변혁 공동체다. 성육신적이고 변혁적인 선교 에토스(incarnational-transformational mission ethos)는 이 세상을 하나님 나라로 변혁시켜 치유와 회복을 주시는 하나님의 큰일이라는 영원한 복음을 손에 잡히는 방식으로 증언하기 위한 윤리적 실천이다(14:4-5; 21:27; 22:2).[87]

예수님 중심의 공공선교를 위한 이론, 선교적 예전, 실천

성서학 가운데서도 특히 종말론이 제대로 확립되어야 공적 영역에서 선교적 실천이 가능하다. 2-3세기 서방 교부 테르툴리아누스(155?-220?)는 요한계시록의 상징을 도덕적·영적·풍유적으로 해석하고 미래적 해석에는 큰 관심을 두지 않았는데, 이는 그가 당시 박해받던 그리스도인들의 영적 전투를 위한 지침을 찾아서 죽기까지 충성하도록 위로하고자 했기 때문이다.[88] 테르툴리아누스에게는 본문의 석

---

86 김남식, "고통에 대한 선교신학적 접근", 「선교신학」 46(2017), p. 42.
87 참조. K. Kok and N. Niemandt, "(Re)discovering a Missional-Incarnational Ethos", *HTS Teologiese Studies* 65/1 (2009), pp. 1-6.
88 문자적인 지상 천년왕국의 도래를 지지한 테르툴리아누스의 풍유적 해석은, 예를 들어 "사탄의 깊은 것"(계 2:24)은 율법에 불순종하는 것이며 "좌우에 날선 검"(계 1:16; 2:12; 19:21)은 지혜에 의해 날카롭게 다듬어진 율법과 복음이라는 두 언약으로

의와 적용을 섞어 버렸다는 문제가 있지만, 그가 요한계시록을 통해 고난받는 성도가 승리한다며 성도들을 격려한 점은 높이 살 만하다. 고난 중 선교라는 교회의 소망과 역동성을 앗아 가는 세대주의 같은 불건전한 신학은 멀리해야 한다. 하늘과 땅의 이혼을 조장하는 세대주의는 지상 교회의 휴거를 지나치게 강조하여 결국 지상에서 선교하는 동안 겪는 고난을 무의미하게 만들기 때문이다.[89] 세대주의와 달리, 구체적으로 요한계시록을 해석하는 방식인 '후천년적 부분적 과거론'(postmillennial partial preterism)에서는 66-70년의 사건을 중요하게 여기면서, 이 글에서 탐구한 것처럼 주님의 재림까지 소망과 승리의 종말론을 강조한다. 이처럼 요한계시록을 올바로 주해하고 적용하는 일은 선교적 교회에 필수다.[90]

소아시아의 일곱 교회는 공예배로 모여 요한계시록을 듣고 기도하며 선교를 위해 새 힘을 얻었다. 성부께서 독생자를 통해서 주신 구원의 은혜를 믿음의 공동체가 감사히 누리는 예전은 모든 신학을 위한 존재론적 조건(ontological condition)이자, 세상을 구원하시는 하나님의 선교를 위해 세상에 파송되는 선교적 교회에 양질의 젖을 제공하는 모판과 같다.[91] 실제로 요한계시록은 (1) 인사를 위한 복의

해석한 데서 나타난다. B. Kuryliak, "Apocalyptic Symbols of the Book of Revelation in the Interpretation of Tertullian", *Paradigm of Knowledge* 48/4 (2021), pp. 5-18.

[89] 권오훈, "선교적 블랙홀인 전천년 세대주의", 「선교신학」 63(2021), pp. 27-28.

[90] 선교에서는 성경에 기반을 둔 신앙과 신학, 그리고 공교회적 협력이 중요하다. 성경의 권위와 영감성을 부정하는 신학과 민족주의, 그리고 현대판 제국주의적 요소는 공공선교의 걸림돌이다. J-B. Hwang, "Korean Theologians' Deep-Seated Anti-Missionary Sentiment", *HTS Teologiese Studies* 76/1 (2020), pp. 8-9.

[91] J. W. Farwell, "Liturgy and Public Theology", *Anglican Theological Review* 102/2

선언(1:4-5), (2) 예배로의 부름(1:3), (3) 말씀을 열어 먹이는 설교(5-6장; 10:10), (4) 성찬(3:20; 5:5; 19:9), (5) 기도와 찬양(4:11; 5:8; 6:10; 19:1-8), (6) 파송을 위한 복의 선언(22:21)이라는 성만찬 예전(eucharistic liturgy)의 패턴을 따른다. 구주 예수 그리스도의 공적 몸(public body)인 오늘날 교회가 성만찬 예전을 하나님의 선교를 위해 디자인한다면, 이는 성도가 '예배 후의 예배'(liturgy after liturgy)라는 선교적 실천(*missio praxis*)을 하도록 돕는 일이다.[92] 참교회의 중요한 표지인 선교적 성만찬 예전은 하나님의 파송을 받아 세상에 흩어진 성도가 함께 모여 가시적이고 비가시적인 말씀을 먹고 기도하며 찬양함으로써 선교를 위한 은혜를 덧입고 복을 누리는 일이며, 예전을 마치면서 하나님은 다시 성도들을 세상으로 파송하신다.

선교적 실천의 중요성 및 방향과 관련하여, 모든 영역은 그리스도의 주권 아래 있기에 선교적 교회의 활동 영역은 다양할 수밖에 없다. 성도의 선행에는 선교적이고 사회적인 함의가 있기에, 그리스도인은 자신을 만유이신 그리스도를 섬기는 자리에 놓아야 한다.[93] 음녀 바빌론은 노예 제도를 통해 인권을 유린하며 경제적 이득을 취했다(18:13). 로마 제국은 군사력을 통한 평화를 추구했기에 식민지, 노예, 평민은 평화의 혜택을 제대로 누리지 못하고 '군대 경제'(army economy)의 수탈 대상으로 전락했다.[94] 유비를 따라 적용해 보면, 로

(2020), pp. 220-221.
[92] Whiteman, "Blessed is the Kingdom", p. 333.
[93] Zorrilla, "Mission and Suffering: A Camouflaged Truth", p. 76.
[94] Boshoff, "Pax Romana as Agtergrond van die Christelike Kerugma", pp. 5-6.

마 제국에서 소수의 권력층을 떠받치기 위해 희생된 노예들의 매매에서 보았듯이(18:13) 오늘날 선교적 교회는 하나님의 형상이라는 인간의 존엄이 훼손되기 쉬운 신자유주의의 맘몬 숭배와 경제적 양극화에 맞서 경제 정의를 구현하도록 노력을 기울여야 한다.

요한 당시 유대인들에게는 예루살렘 성전의 제의가 종교의 중심이었고, 로마인들에게는 황제 숭배가 종교였다. 로마 제국의 국가 종교는 모든 영역을 로마 신들의 보호 아래 두려고 했으며 유대인 통치자들의 지지를 받았는데, 그런 종교 체제는 만유를 다스리시는 하나님의 나라와 충돌할 수밖에 없었다.[95] 그렇다면 탈종교화된 포스트모던 시대를 사는 그리스도인은 종교 영역과 관련하여 어떻게 선교할 수 있는가? 종교의 자유를 위한 노력은 바울의 정당한 시민권 활용에서 힌트를 얻을 수 있지만 요한계시록에는 그런 활용이 나타나지 않는다. 그 대신 요한은 사람의 신격화나 종교 혼합주의에 대해 분명히 경고한다.

요한계시록의 환상은 공적 영역이 되어 버린 가상 공간에서의 선교에 원칙을 제시한다. 요한계시록의 환상은 상징적인 가상 세계다. 하나님은 환상을 통해 계시를 주시고 독자들을 위로하신다. 메타버스(metaverse)로 대변되는 가상 세계 및 증강 현실 영역에도 하나님의 주권과 복음이 미쳐야 한다. 또한 지구 가열화가 가속화되는 현실에서 예수님이 수행하고 계신 새 하늘과 새 땅이라는 새 창조의 선교에 동참하는 교회는 환경 보존을 통한 선교적 실천도 간과할 수 없다

---

[95] 같은 글, pp. 6-7.

(21:1, 5). 브라질의 아마존 등에서 약 200명에 달하는 환경 보호 운동가가 매년 피살되며, 살인자들은 자본을 신격화한 개발 지상주의자들이다. 몇 가지만 이야기했지만, 공공선교적 적용은 앞서 간략히 설명한 신학, 예배, 경제, 종교, 가상 공간, 생태 영역을 훨씬 넘어선다.

결론

요한계시록의 중심 주제는 소량의 누룩이 가루 전체를 부풀리듯이(마 13:33) 온 세상을 하나님 나라로 변혁시키는 예수 그리스도의 고난의 십자가와 능력의 부활이라는 복음이다. 요한계시록 내러티브의 출발이자 정점이자 목표이신 예수님은 모든 교회와 만유를 자신 안에 포섭하신다. 이런 의미에서 요한계시록은 승천하신 그리스도께서 주도하시는 하나님 나라의 확장을 알리는 선교 내러티브와 같다. 하나님 나라의 영원한 복음을 구성하는 세 요소인 창조와 구원과 심판을 시행하시는 삼위 하나님은, 자신의 전권을 주셔서 세상에 파송하신 선교 공동체를 통해 복음의 감동력과 영향력으로 세상을 치유하여 갱신하신다. 이를 위해 교회는 '십자가를 지는 그리스도 완결적 선교 윤리'(Christotelic missional cruciform ethic)를 추구해야 한다. 환언하면, 성도는 일상에서 자신의 십자가를 지면서, 구원을 성취하신 승리자 그리스도께 붙잡혀 그분의 승리를 증언하며 살아야 한다. 그런데 성도가 하나님의 공적 복음의 비전을 세상 속에서 구체화하려면 먼저 교회됨(being church)에 집중하고 그다음에 공적 증인(public witness)인 그리스도인으로서 복음의 빛으로 시대와 사회의 지형을 분별하여 믿음을 가지고 실천해야 한다.[96] 앞서 살핀 대로, 요한은 성도의 공적 삶을 위한 이런 선교신학을 적절하게 소개한다.

1-2세기의 교회는 복음에 반하는 황제 숭배, 상인 조합, 축제 등에 참여하기를 거부했기에 '공공의 적'(*publicos hostes*)이었지만, 그들은 약함 중에서도 강했기에 재판정이나 형장에서 희생자 코스프레를 하기보다는 활기찬 운동선수처럼 모든 것을 주도하며 사탄의 세력에 치명타를 날렸다.[97] 이런 순교 정신이 약화되어 복음과 교회가 위축된 오늘날, 그리스도인은 2,000년 전의 역사적 사건으로서 십자가와 부활 자체에 주목해야 하지만, 동시에 예수님의 십자가와 부활이 제시하는 공공선교적 의미와 거기서 파생되는 실천 윤리를 찾는 데 더 심혈을 기울여야 한다.[98] 그런데 성서학자 및 선교신학자의 학문적 탐구 결과와 선교를 수행하는 지교회 사이에는 좁지 않은 간격이 있음을 부인할 수 없다. 게다가 성서학자와 선교학자의 불협화음도 여전히 들린다. 선교학자는 성서학자의 역사비평적 석의가 가설과 추상성으로 점철되어 그다지 실제적이지 못할 뿐 아니라 최신의 선교 이해를 결여했다고 비판한다. 반면 선교적 해석을 시도하는 성서학

---

[96] V. Miles-Tribble, "Public Theology: Dilemmas for Embodying the Evangel", *American Baptist Quarterly* 36/3 (2017), pp. 229-230, 236-238. 마일스-트리블은 공공신학이 의도적으로 종교적 언어를 가지고 공적 영역에 영향을 미치려면 '범종교적이고 이념적인' 방식으로 약자를 위한 회복적 정의를 구현해야 한다고 주장하기에 주의가 요청되며 비판이 필요하다.

[97] J. T. Fitzgerald et al. (ed.), *Animosity, the Bible, and Us* (Atalanta: Society of Biblical Literature, 2009), pp. 287-297.

[98] W. H. Oliver, "The Radical, Righteous and Relevant Jesus in a Coronavirus Disease-defined World", *HTS Teologiese Studies* 77/4 (2021), p. 5. 이 논문은 S. J. Joubert, *Jesus Radical, Righteous, Relevant* (Vereeniging: CUM, 2012)에 대한 논평이다.

자는 선교학자들의 본문 석의가 철저하지 못하다고 비판한다. 그렇다면 이런 간격을 좁히고 갈등을 넘어서는 방법은 무엇이며, 신학 분과 사이의 간학문적 탐구는 가능한가? 선교적 성경 해석이 실제로 목회 현장에서 결실을 맺으려면, 첫째, 성서학자는 반드시 지역의 신앙 공동체에 충실하게 소속된 구성원이어야 하고, 둘째, 하나님의 구원 역사와 통전적 선교 안에서 성경 본문과 지교회의 상황을 늘 대화시켜야 하며, 셋째, 구원계시사의 발전과 유비를 고려하여 본문에서 지교회의 선교적 필요성과 전략이라는 적용점을 찾아야 한다.[99] 선교적 성경 해석은 지교회가 하나님의 선교라는 안경을 착용한 후에 성경을 읽음으로써 구체적인 선교 상황 안에서 본문의 선교적 의미를 적용하도록 돕는다. 또한 선교학자는 간학제적 연구를 위해 성서학자가 본문의 역사적 배경, 문맥, 성경 각 권 저자의 신학 아래에서 밝혀낸 선교적 해석의 결과물을 감사하게 여기면서 이를 오늘날의 상황 안에 다리를 놓아 정착시켜야 한다. 이때 성서학자와 선교학자는 지교회의 생명력 및 활력과 동떨어진 채 학자연하는 자세를 지양해야 한다. 이는 선교에 반하는 태도다. 신학자는 지교회라는, 신학 교과서 속 이론에서는 배울 수 없는 많은 상황이 벌어지는 선교 해석 공동체로부터 겸손히 배울 자세를 취해야 한다.

예수님의 존재와 선교적 사역은 가장 근본적인 뉴노멀(the New Normal) 그 자체였다. 예수님은 자신의 목숨값으로 죄인들을 구원

---

[99] 참조. T. van Aarde and F. Lygunda li-Mwangwela, "A Fruitful Missional Exegesis for a Missional Hermeneutic and Missiology", *In die Skriflig* 51/2 (2017), pp. 2-3, 9.

하시기 위해 십자가 처형을 영광으로 여기셨고, 부활하심으로써 세상을 낙원으로 재창조하시며, 하늘 보좌에 앉으셔서 성령과 교회를 통해 만유를 다스리시기 때문이다. 두려움과 죽음의 악취를 내뿜는 코로나19가 정의하는 뉴노멀의 세상을 창조와 구원과 심판을 시행하시는 하나님 나라로 변혁시키기 위해, 어린양의 신부들은 새 창조와 구원을 감사히 누리며 신랑께서 가져다주신 소망과 위로와 생명의 향기를 세상에 발산하기 위해 목숨을 무릅쓰고서 'MRI'를 고수해야 한다. MRI란, 온라인과 오프라인에서 항상 선교에 힘쓰고(Missional), 하나님과 이웃과 상호 작용하는 관계를 유지하며(Relational), 하늘을 이 땅에 실감 나게 심으려는 성육신적(Incarnational) 삶이다.[100] 그런 MRI 성도가 주중에 교회당 바깥의 시민 사회 영역에서도 성만찬 예배에 참여하는 것처럼 섬긴다면 공동선을 촉진하게 되며, 천국을 맛보고 증언하며 현시하는 선교 공동체는 실종되지 않을 것이다. 팬데믹이라는 재난의 시대에 위로와 소망을 갈망하는 사람들에게 요한계시록의 따뜻한 선교적 복음이야말로 적실한 메시지다. 하나님의 선교에 따르면, 성도가 때를 얻든지 못 얻든지 복음을 교회당 안팎에 전하기 위해 선교 여행의 걸음을 내디딘다면, 통전적 선교의 결실은 하나님이 책임지신다.

---

[100] Oliver, "The Radical, Righteous and Relevant Jesus in a Coronavirus Disease-defined World", p. 6.

참고문헌

김영동. "공적선교신학 형성의 모색과 방향."「장신논단」46/2(2014): pp. 297-322.
김은수. "왕의 복음과 선교적 제자도: 마태복음을 중심으로."「선교신학」58(2020): pp. 119-147.
권오훈. "선교적 블랙홀인 전천년 세대주의."「선교신학」63(2021): pp. 11-35.
김남석. "고통에 대한 선교신학적 접근."「선교신학」46(2017): pp. 15-46.
드실바, 데이비드 A. 『문화의 키워드로 신약성경 읽기』. 김세현 옮김. 서울: 새물결플러스, 2019.
배럿, 찰스. "성경에서 빛의 주제에 대한 누가의 기여: 그리스도와 그분의 제자들의 선지자적 사역과 관련하여." 감기탁 옮김.「성경연구」5/1(2021): pp. 110-127.
송영목. "에베소서 1-2장의 3위 완결적 해석과 교회 완결적 적용."「교회와 문화」16(2006): pp. 31-58.
_____. "요한계시록 14:6-7의 복음과 인간."「개혁논총」54(2020): pp. 253-289.
_____. "요한계시록의 일곱 영에 대한 언약적 이해."「영산신학저널」43(2018): pp. 211-241.
_____. "요한문헌의 고난."『고난과 선교, 어떻게 설교할 것인가?』. 한국동남성경연구원 편집. 서울: SFC출판부, 2021: pp. 221-240.
_____. "요한문헌의 선교(적 교회)."『고난과 선교, 어떻게 설교할 것인가?』. 한국동남성경연구원 편집. 서울: SFC출판부, 2021: pp. 471-494.
_____. "Before Nero's Death: Reconsidering the Date of the Book of Revelation."「신학논단」86(2016): pp. 35-61.
이종우. "이사야서에 나타난 '여호와의 종'의 선교리더십과 현대 선교적 논의."「복음과 선교」47/3(2019): pp. 159-192.
장은경. "선교와 고난에 대한 선교 신학적 이해."「Muslim-Christian Encounter」13/1(2020): pp. 123-160.
한철흠. "요한계시록의 영성 치료: 고난을 이기는 영성."「선교와 신학」41(2017): pp.

535-563.

Androsov, B. A. "A Book sealed with Seven Seals (Rev 5.1): Three Bright Patristic Interpretations." *Вестник ПСТГУ* 45/1 (2013): pp. 71-87.

Asumang, A. "Review of Lioy: Facets of Pauline Discourse in Christocentric and Christotelic Perspective." *Conspectus* 22 (2016): pp. 207-221.

Bastomsky, S. J. "Emperor Nero in Talmudic Legend." *Journal of Jewish Quarterly* 59/4 (1969): pp. 321-325.

Bauckham, R. *The Climax of Prophecy: Studies on the Book of Revelation.* Edinburgh: T&T Clark, 1993. 『요한계시록 신학』(부흥과개혁사).

Blackwell, B. C. et al. (ed.). *Reading Revelation in Context: John's Apocalypse and Second Temple Judaism.* Grand Rapids: Zondervan, 2019.

Boshoff, F. J. "Pax Romana as Agtergrond van die Christelike Kerugma." *HTS Teologiese Studies* 71/3 (2015): pp. 1-12.

Botha, N. "Mission as Prophecy: Reading the Apocalypse as Forthtelling rather than Foretelling." *Missionalia* 33/2 (2005): pp. 315-328.

Chilton, D. *The Days of Vengeance: An Exposition of the Book of Revelation.* Tyler: Dominion Press, 1990.

Deutsch, C. "Transformation of Symbols: The New Jerusalem in Rv 21:1-22:5." *Zeitschrift für die Neutestamentliche Wissenschaft und die Kunde der Älteren Kirche* 78/1 (1987): pp. 106-126.

Du Preez, J. "Mission Perspective in the Book of Revelation." *Evangelical Quarterly* 42/3 (1970): pp. 152-167.

Du Rand, J. A. *A-Z van Openbaring.* Vereeniging: CUM, 2007.

Farwell, J. W. "Liturgy and Public Theology." *Anglican Theological Review* 102/2 (2020): pp. 219-229.

Field, D. "The Seven Blessings of the Book of Revelation: A Brief Exegetical Note." *Foundations* 53 (2005): pp. 20-26.

Fitzgerald, J. T. et al. (ed.). *Animosity, the Bible, and Us.* Atalanta: Society of Biblical Literature, 2009.

Gentry Jr., K. L. *The Divorce of Israel: A Redemptive-Historical Commentary on the Book of Revelation.* Volume 1. Dallas: Tolle Lege, 2017.

Georges, J. "Get Face! Give Face!: A Missional Paradigm for Honor-Shame Contexts." *Evangelical Missions Quarterly* 53/3 (2017): pp. 1-6.

Gourgues, M. "L'Apocalypse ou les Trois Apocalypse de Jean?" *Science et Esprit* 35/3 (1983): pp. 297-323.

Heaney, R. S. "Public Theology and Public Missiology." *Anglican Theological Review* 102/2 (2020): pp. 201-212.

Hwang, J-B. "Korean Theologians' Deep-Seated Anti-Missionary Sentiment." *HTS Teologiese Studies* 76/1 (2020): pp. 1-9.

Khobnya, S. "So that They may be won over without a Word: Reading 1 Peter through a Missional Lens." *European Journal of Theology* 29/1 (2020): pp. 7-16.

Kidder, S. J. "The Faithful and True Witness of Revelation 1:5 and 3:14." *Journal of the Adventist Theological Society* 28/1 (2017): pp. 114-131.

Knight, G. R. "The Controverted Little Book of Revelation 10 and the Shape of Apocalyptic Mission." *Journal of the Adventist Theological Society* 28/1 (2017): pp. 132-160.

Kok, K. and Niemandt, N. "(Re)discovering a Missional-Incarnational Ethos." *HTS Teologiese Studies* 65/1 (2009): pp. 1-7.

König, A. *'N Perspektief op Openbaring*. Vereeniging: CUM, 2009.

Kuryliak, B. "Apocalyptic Symbols of the Book of Revelation in the Interpretation of Tertullian." *Paradigm of Knowledge* 48/4 (2021): pp. 2-23.

Labahn, M. "The Book of Revelation: An Early Christian Search for Meaning in Critical Conversation with Its Jewish Heritage and Hellenistic Roman Society." *In die Skriflig* 48/1 (2014): pp. 1-9.

Lee, M. V. "A Call to Martyrdom: Function as Method and Message in Revelation." *Novum Testamentum* 40/2 (1998): pp. 164-194.

Love, S. "The Mission of the Church in the Gospel according to John." *Missions and the Church* 7/1 (1999): pp. 14-18.

Mayordomo, M. "Gewalt in der Johannesoffenbarung als Theologisches Problem." In *Die Offenbarung des Johannes. Kommunikation im Konflikt*. Edited by Karl Rahner und Heinrich Schlier. Freiburg: Verlag Herder, 2013: pp. 107-136.

Meiring, A. M. "An Apocalyptic Agenda for Mission in Our Time." *Verbum et Ecclesia* 41/1 (2020): pp. 1-8.

Miles-Tribble, V. "Public Theology: Dilemmas for Embodying the Evangel." *American Baptist Quarterly* 36/3 (2017): pp. 228-243.

Oliver, W. H. "The Radical, Righteous and Relevant Jesus in a Coronavirus Disease-defined World." *HTS Teologiese Studies* 77/4 (2021): pp. 1-8.

Peppler, C. "The Christocentric Principle: A Jesus-Centred Hermeneutic." *Conspectus* 13/3 (2021): pp. 117-135.

Purves, J. "The Missional Doxology of the Philippian Hymn." *Baptistic Theologies* 3/1 (2011): pp. 15-30.

Reasoner, M. "Persecution." In *Dictionary of the Later New Testament and Its Development.*. Edited by R. P. Martin and P. H. Davids. Leicester: IVP, 1997: pp. 907-914.

Reimer, J. "Trinitarian Spirituality: Relational and Missional." *HTS Teologiese Studies* 75/1 (2019): pp. 1-11.

Reynolds, B. E. "Apocalypticism in the Gospel of John's Written Revelation of Heavenly Things." *Early Christianity* 4 (2013): pp. 64-95.

Rosell, S. "John's Apocalypse: Dynamic Word-Images for a New World." *HTS Teologiese Studies* 67/1 (2011): pp. 1-5.

Roxburgh, A. J. and Boren, M. S. *Introducing the Missional Church*. Grand Rapids: Baker Books, 2009.

Sauer, C. "Missio Dei and Compassio Dei: Minority Christians experiencing God's Acts in the Face of Hostility." *Scriptura* 106 (2011): pp. 20-25.

_____. "Theology of Persecution and Martyrdom: An Example in Globalizing Theology." *Evangelical Review of Theology* 37/3 (2013): pp. 267-274.

Sauer, C. (ed). *Bad Urach Statement: Towards an Evangelical Theology of Suffering, Persecution and Martyrdom for the Global Church in Mission*. Bonn: Verlag für Kultur und Wissenschaft, 2012.

Schrock, D. S. "What designates a Valid Type?: A Christotelic, Covenantal Proposal." *Southeastern Theological Review* 5/1 (2014): pp. 3-26.

Skaggs, R. and Doyle, T. "The Apocalypse of John: A Lament?" Parer presented at the 2010 Annual Meeting of the Society of Biblical Literature in Atlanta on November 20 2010: pp. 1-26.

Smit, G. H. "Investigating John 13-17 as a Missional Narrative." *Stellenbosch Theological Journal* 1/1 (2015): pp. 255-271.

Stander, H. *Simbole: Veilig of Gevaarlik?* Kaapstad: Struik Christelike Boekke. 2000.

Sunquist, S. W. "21세기 세계 선교: 고난과 영광(Tribulation and Glory)." 「선교와 신학」 8 (2001): pp. 77-102.

Tanner, J. P. "Apostate Jerusalem as Babylon the Great: Another Look at Revelation 17-18." Paper presented at ETS SW Regional Conference, Fort Worth, March 31, 2017: pp. 1-28.

Taylor, D. F. "The Monetary Crisis in Revelation 13:17 and the Provenance of the Book of Revelation." *Catholic Biblical Quarterly* 71/3 (2009): pp. 580-596.

Van Aarde, T. and Lygunda li-Mwangwela, F. "A Fruitful Missional Exegesis for a Missional Hermeneutic and Missiology." *In die Skriflig* 51/2 (2017): pp. 1-10.

Van der Merwe, D. G. "Perseverance through Suffering: A Spirituality for Mission." *Missionalia* 33/2 (2005): pp. 329-354.

Votaw, C. W. "The Apocalypse of John: IV-Its Chief Ideas, Purpose, Date, Authorship, Principles of Interpretation, and Present-Day Value." *The Biblical World* 32/5 (1908): pp. 314-328.

Webb, J. W. "Suffering." In *Dictionary of the Later New Testament and Its Development.* Edited by R. P. Martin and P. H. Davids. Leicester: IVP, 1997: pp. 1135-1141.

Whiteman, K. "Blessed is the Kingdom: The Divine Liturgy as Missional Act." *Asbury Journal* 74/2 (2019): pp. 323-346.

Williams, M. D. "The Theological Disposition and God's Missional Identity." *Presbyterion* 43/2 (2017): pp. 25-41.

Wilson, A. I. "The Holy Spirit in Relation to Mission and World Christianity: A Reformed Perspective." *Conspectus* 31/1 (2021): pp. 67-82.

Zorrilla, H. "Mission and Suffering: A Camouflaged Truth." *Direction* 22/1 (1993): pp. 73-80.

나가며: 더 넓은 시각으로 고난 바라보기

이 책에 실린 네 편의 글은 2021년 가을에 미셔널신학연구소에서 개최한 "제2회 선교적 성경해석학 세미나: 고난과 하나님의 선교"에서 발표한 내용이다.[1] 이 세미나는 미셔널신학연구소의 출발을 알리는 시간이기도 했는데, '하나님의 선교'라는 관점에서 '고난'이 갖는 의미가 무엇인지 살피는 것이 주된 목표였다.

고난이라는 주제를 선정한 이유는 단순했다. 이 세미나가 열렸을 당시에는 이미 전 세계가 팬데믹으로 인한 고통의 시간을 2년 가까이 겪고 있었다. 교회와 성도 역시 고난에서 예외일 수 없었다. 사랑하는 이들을 잃었을 뿐만 아니라, 예배당 문이 닫히고 성도가 함께 모일 수 없는 초유의 상황을 경험해야 했다. 하나님이 왜 이런 시련을 허락하시는지 묻지 않을 수 없었다.

---

1   제1회 세미나는 미셔널신학연구소의 전신인 "오르도토메오" 아카데미에서 2019년 11월에 "그리스도를 통해 읽는 삼위 하나님의 선교"라는 주제로 개최했으며, 스티븐 테일러 교수와 정성국 교수가 논문을 발표하였다.

물론 고난의 이유와 의미를 묻는 질문에 답하기란 결코 쉽지 않다. 그럼에도 '선교적 성경해석학'이라는 관점에서 이 문제를 바라본다면 고난에 대한 새로운 시각을 얻을 수 있으리라는 막연한 기대가 있었다. 그리하여 하나님의 선교라는 큰 이야기 안에서 고난이 차지하는 위치를 연구할 네 명의 신약학자를 초대했다.

세미나 기조 발표였던 테일러 교수의 글은 하나님의 선교에 대한 기존의 '타락-구속' 프레임이 갖는 한계를 지적하면서 시작한다. 그는 '타락-구속'의 틀 안에서는 고난이 본질적으로 무의미하며 단지 해소해야 할 어떤 것에 지나지 않게 된다고 주장한다. 무엇보다 이러한 틀 안에서는 그리스도인들이 당하는 일상적인 고난과 고통의 문제를 설명하기 어렵다고 말한다. 오히려 그는 '하나님의 선교'를 "삼위 하나님의 사랑 공동체의 무한한 확장"으로 이해하기를 요청한다. 그러면서 사랑에 의해 이끌리는 하나님의 선교는 본질적으로 고난의 가능성을 포함하고 있었다고 말한다. 이러한 이해 속에서 고난은 단지 해결되어야 할 문제 이상의 의미를 갖게 되며, 고난 가운데 인내하면서 하나님을 향한 믿음과 사랑을 보이는 신자를 통해 하나님의 선교가 계속된다는 것, 이것이 테일러의 주장에 담긴 핵심이다. 고난 및 하나님의 선교를 이해하는 데 새로운 통찰을 제시하는 글이라 생각한다.

이강택 교수는 요한복음의 고별설교로부터 요한의 성전신학을 밝혀내는 작업을 통해 그리스도인의 고난의 의미를 찾고자 하였다. 그에 따르면, 예수께서는 새로운 성전을 짓기 위해 자신을 십자가의 고난에 내어놓으셔야 했는데, 예수께서 짓고자 하신 새로운 성전이란 바로 하나님과 교제하는 장으로서, 제자 공동체가 예수 안에서 함께 이루어 가는 곳이다. 제자들은 그 새로운 성전 안에서 서로 사랑함으로써 계속해서 성전을 확장하는 일, 곧 선교를 감당하게 된다. 그는 예수께서 새로운 성전을 세우실 때 고난받으셔야 했던 것처럼, 성전을 확장해 가는 제자들의 선교 사역 또한 고난과 박해를 수반한다고 주장한다. 선교 사역에서 고난이 필연적임을 성전신학, 그리고 예수와의 연합이라는 측면에서 제시했다는 점에서 주목할 만하다.

정성국 교수는 고린도후서 전체를 선교적 해석학의 관점으로 개괄하는 가운데 고난, 가난, 연약함이라는 주제에 주목한다. 그에 따르면 고난, 가난, 연약함은 그리스도께서 하나님의 선교를 성취하기 위해 겪으신 고난의 구체적 모습이다. 그는 고린도후서에서 바울이 스스로를 이러한 그리스도의 고난에 참여하는 사도로 자신을 나타내고 있으며, 이를 통해 고린도교회의 정체성을 재형성하고자 한다고 주장한다. 하나님의 선교, 곧 새 창조와 화해의 사역은 그리스도의 고난에 참여하는 사도 바울 자신과 그와 함께하는 교회를 통해 계속된다는 것이다. 그는 이를 바탕으로 교회는 일상적 고난을 통해 그리스도를 선포하는 사람들이라는 결론을 내리면서, 이를 위해 교회는 인간의 고통과 연약함을 끌어안아야 한다고 주장한다. 이 논문은 바울 서신이 오늘의 교회를 위한 선교적 문서로서 어떻게 이해되고 적용되어야 하는지 효과적으로 보여 준다.

송영목 교수는 요한계시록에 나타난 삼위 하나님의 선교와 그 선교를 이 땅에서 수행하는 교회에 대해 살폈다. 그에 따르면 하나님 나라의 복음을 전파하는 과정은 고난을 동반하며, 그 고난의 절정은 예수의 십자가 처형이었다. 그러므로 예수와 연합하여 하나님의 선교에 동참하는 교회 또한 십자가를 짊어진다. 그는 성령이 교회가 고난 중 선교를 감당하는 가운데 함께하시며 성도들을 위로하시기에 교회는 하나님의 주권적 통치를 믿고 인내할 수 있다고 주장한다. 아울러 결론적으로 요한계시록에서 교회를 핍박하는 로마 제국이 경제적 착취와 인권 유린을 자행하는 세력으로 묘사된다는 점에 주목하면서 오늘날 인간 존엄을 훼손하는 물질 숭배와 경제적 양극화 문제에 교회가 관심을 가지기를 요청한다. 고난의 메시지를 공적 영역에서의 선교 혹은 공공신학으로 연결하려는 시도가 인상적인 글이다.

네 저자는 공통적으로 하나님의 선교에서 고난은 필수이며 이는 그리스도의 십자가에서 절정에 도달했다는 사실에 주목했다. 그리고 그리스도와 연합되어 하나님의 선교에 참여하는 교회 또한 예수께서 걸어가신 십자가의 길을 하나님을 신뢰하는 가운데 걸어야 한다는 데 한목소리를 낸다. 이와 더불어, 특별히 테일러 교수가 가장 적극적으로 시도했듯, 저자들은 그리스도인의 고난의 문제를 종교적 박해에만 국한시키지 않으려 노력했던 것으로 보인다. 특별히 그리스도인들은 물론이고 모든 인류가 해 아래서 겪고 있는 고난과 고통의 문제를 교회가 어떻게 끌어안을지에 대한 고민이 각 글에 담겨 있음을 발견한다. 다만, 분량의 제약으로 네 저자의 글이 구체적인 현실 속 고난의 문제를 다루지 못하고 이를 독자들의 몫으로 남겨 두게 된 점은 못내 아쉽다.

모쪼록 이 책을 통해 교회와 성도들이 고난의 문제를 개인적 차원을 넘어 하나님의 선교라는 보다 넓은 차원에서 바라볼 수 있기를 기대한다. 모든 피조물이 고통 속에 신음하고 있는 지금, 넓은 시야와 따뜻한 품을 가지고 세상의 고통을 끌어안는 것 역시 교회의 사명임을 발견하는 데 우리의 연구가 기여할 수 있기를 소망한다.

김일호 목사
미셔널신학연구소 디렉터

미셔널신학연구 총서 01
고난과 하나님의 선교

초판 발행_ 2022년 7월 29일
초판 2쇄_ 2022년 8월 23일

지은이_ 스티븐 테일러·이강택·정성국·송영목
펴낸이_ 정모세

펴낸곳_ 한국기독학생회출판부
등록번호_ 제2001-000198호(1978.6.1)
주소_ 04031 서울시 마포구 동교로 156-10
대표 전화_ (02)337-2257 팩스_ (02)337-2258
영업 전화_ (02)338-2282 팩스_ 080-915-1515
홈페이지_ http://www.ivp.co.kr 이메일_ ivp@ivp.co.kr
ISBN 978-89-328-1945-7

ⓒ 미셔널신학연구소 2022

책값은 뒤표지에 있습니다.
무단 전재와 복제를 금합니다.